La ansiedad de
alto funcionamiento

Lalitaa Suglani

La ansiedad de alto funcionamiento

Una guía de cinco pasos para calmar el pánico interior y progresar

Traducción de Rocío Pereyra

Urano

Argentina – Chile – Colombia – España
Estados Unidos – México – Perú – Uruguay

Título original: *High-Functioning Anxiety*
Editor original: Hay House UK, Ltd.
Traducción: Rocío Pereyra

1.ª edición: abril 2025

Copyright © 2024 *by* Dr. Lalitaa Suglani
© De la traducción 2025 *by* Rocío Pereyra
All Rights Reserved
© 2025 *by* Urano World Spain, S.A.U.
Plaza de los Reyes Magos, 8, piso 1.º C y D – 28007 Madrid
www.edicionesurano.com

ISBN: 978-84-18714-85-6
E-ISBN: 978-84-10495-75-3
Depósito legal: M-3.540-2025

Fotocomposición: Urano World Spain, S.A.U.

Impreso por: Romanyà Valls, S.A. – Verdaguer, 1 – 08786 Capellades (Barcelona)

Impreso en España – *Printed in Spain*

Sanar es un acto de perdón y responsabilidad entre las luces y las sombras. Es una señal de resurrección en la que unimos las piezas para estar completos.

Índice

Parte 2:
Aprender

PASO 3. Desarrolla una conexión contigo mismo
y deja atrás el miedo

PASO 4. Acepta tu sensibilidad y recupera la confianza
en ti mismo

PASO 5. Libera la autocompasión

Introducción

Todavía recuerdo el momento en que finalmente decidí enfrentarme a mis propias sombras. Al haber crecido en el seno de una familia de inmigrantes británicos y pertenecer a una minoría étnica, sentía que estaba dividida entre dos culturas. Esa realidad fue la que le dio forma a mi vida y, en un intento por sobrellevarlo, empecé a sufrir ansiedad de alto funcionamiento. Al llegar a la adultez, la vergüenza se convirtió en un gran peso para mí y el rincón mental donde intentaba esconderla estaba a punto de colapsar.

Estaba convencida de que algo no funcionaba bien dentro de mí y, a medida que mi crítica interna se fortalecía, hasta el simple acto de mirarme al espejo se me hacía insoportable. Esa era mi forma de lidiar con mis sentimientos, y solo ahora puedo ver lo perjudicial que era. En ese momento no lograba entender lo que me pasaba: solo me sentía estúpida y patética. No quería que nadie viera esa parte de mí, así que hice lo imposible por mantenerla oculta.

Mi «solución» a los problemas era perseguir el «éxito», pero detrás de esa fachada había una gran falta de valores y de conexiones genuinas con los demás. A pesar del agotamiento que sentía, creía que no había otro camino. Me aterraba pedir ayuda porque no quería mostrar lo «rota» que creía que estaba. Durante años luché por reprimir ciertas partes de mí misma, pero, hiciera lo que hiciera, siempre encontraban la forma de manifestarse. Al final no tuve más alternativa que sacarlas de la oscuridad y llevarlas hacia la luz. Y lo que descubrí al hacerlo me cambió la vida.

¿Qué es la ansiedad de alto funcionamiento (AAF)?

Antes de comenzar es importante aclarar que la ansiedad de alto funcionamiento (o AAF, como la llamaré en este libro) no es lo mismo que la ansiedad extrema o debilitante, que suele definirse como una ansiedad tan intensa que nos incapacita hasta el punto de no poder trabajar, cuidarnos o mantener relaciones. Las personas que experimentan AAF, como yo, vivimos los síntomas de la ansiedad internamente, pero podemos continuar con nuestra vida cotidiana sin problemas. Proyectamos al mundo lo que consideramos nuestra faceta «correcta» y ocultamos nuestro lado más auténtico, ese aspecto ansioso que preferimos mantener escondido.

De acuerdo con el Instituto Nacional de Salud Mental de los Estados Unidos, se estima que un 31 por ciento de los adultos sufrirá algún tipo de trastorno de ansiedad a lo largo de su vida,[1] mientras que datos del Reino Unido correspondientes al periodo 2022-2023 indican que un promedio del 37 por ciento de las mujeres y el 30 por ciento de los hombres reportaron altos niveles de ansiedad.[2]

Es probable que una buena parte de esas personas con trastornos de ansiedad experimenten AAF. Sin embargo, a pesar de eso, hoy en día la AAF no se reconoce como un trastorno de ansiedad en sí mismo. Aunque se argumenta que esto se debe a que quienes la padecen tienden a desenvolverse con relativa normalidad en su vida diaria, los efectos de la AAF pueden ser extremos, ya que puede deteriorar la calidad de vida y generar una sensación intensa de soledad y desconexión.

La AAF se origina en la percepción de no ser «lo suficientemente bueno». En la superficie, las personas con AAF parecen competentes y exitosas. Sin embargo, en su interior sienten una profunda preocupación, dudan de sí mismas y tienen miedo al fracaso. En consecuencia, se imponen estándares altísimos y buscan incansablemente la perfección en distintos ámbitos de su vida. Solemos ser los que siempre estamos presentes, los que nos aseguramos de que las cosas se lleven a cabo y de que los demás estén bien. Por fuera parece que lo tenemos todo bajo control, que somos fuertes y organizados, pero por dentro la historia es otra, una que nadie más puede ver.

Este temor a no ser lo suficientemente buenos puede impulsar a quienes tenemos AAF a sobresalir y destacar para demostrar nuestro valor gracias a la validación externa. Nos aterra ser juzgados, nos resistimos a decir que no a los demás o a defraudarlos; a veces, incluso podemos llegar a pensar que esa es la única manera de ser aceptados y queridos. A pesar de nuestros logros, muchas veces sentimos que no somos competentes y tenemos la sensación constante de que no estamos a la altura. O creemos, en lo más profundo de nuestro ser, que hay algo en nosotros que no funciona bien. Este temor a no ser lo suficiente buenos puede convertirse en una fuente inagotable de estrés y ansiedad y dar lugar a un patrón de comportamiento que se caracteriza por trabajar en exceso, pensar demasiado y ser muy crítico con uno mismo.

Como psicóloga, uno de mis hallazgos más interesantes (y desconcertantes) es que, aunque muchas personas se sienten identificadas con el *concepto* de ansiedad de alto funcionamiento, no entienden del todo los *factores* que la originan. De hecho, suelen insistir en que se *sienten* satisfechos con su vida.

Es importante entender que, aunque alguien se vea como un adulto seguro y satisfecho, eso no significa que sus acciones no estén impulsadas por el miedo; quizá lo que sucede es que puede reconocerlo. A veces los problemas más importantes se esconden en las profundidades del subconsciente, mientras que nosotros apenas arañamos la superficie de la autoconciencia. Mi objetivo con este libro es ayudarte a profundizar en las raíces más recónditas de tu ser para que puedas descubrir y aceptar tu autenticidad.

Quizá te estés preguntando: «¿Por qué debería indagar en todo esto si soy feliz como estoy?». Mi respuesta es la siguiente: porque la AAF nos impide vivir plenamente. Nos limita, nos hace jugar sobre seguro y nos lleva a ocultar partes de nosotros mismos al mundo. La

AAF nace del miedo: el miedo a que los demás vean nuestro yo auténtico. Sin embargo, la verdadera batalla no es con los demás, sino con nosotros mismos. Llega un momento en el que nos cansamos de vivir en un estado constante de ansiedad oculta. Te lo digo por experiencia propia: es un lugar solitario y agotador en el que instalarse. Nos damos cuenta de que no hay más remedio que enfrentarse a la *causa* de nuestra ansiedad, y descubrimos que la causa es, precisamente, aquello de lo que hemos estado huyendo.

Es hora de aceptar lo que valemos

Reconocer que algo no funciona suele ser la parte más difícil. La única forma de avanzar es ser honesto contigo mismo, sin huir ni esconderte detrás de escudos emocionales. El proceso puede parecer abrumador, pero es mejor que la alternativa de vivir con ansiedad. Es hora de asumir la responsabilidad personal y crecer hasta alcanzar nuestra versión más auténtica.

Así como la lluvia limpia la tierra y abre paso a una nueva vida, los desafíos a los que te enfrentas tienen el poder de purificarte el espíritu e iluminar tu camino. La oscuridad alberga la oportunidad de crecer y transformarse. Las tormentas pueden sacudirte, pero también te están convirtiendo en la persona que estás destinado a ser. Confía en el proceso, porque cuando las tormentas amainen serás más fuerte, más sabio y estarás más en sintonía con tu verdadero yo.

No es una tarea fácil, por supuesto. Debes hacer un trabajo que implica ser honesto contigo mismo y tus sentimientos. No hay soluciones rápidas; estamos hablando de cambiar tu estilo de vida. Pero créeme, vale la pena. Así como la oruga espera en su crisálida y atraviesa las diferentes etapas de la metamorfosis, tú también necesitarás un tiempo de introspección y reflexión mientras te preparas para el cambio. Quiero que las personas se sientan *valiosas* y dejen de luchar con sus pensamientos. He visto este proceso en marcha con las personas con las que trabajo y me ha asombrado ver cómo, una vez que realmente *comprenden* sus pensamientos, todo puede cambiar. El viaje de la vida no consiste en interpretar un papel ante los demás, sino de amarnos con compasión y permitirnos simplemente *ser*.

A veces caemos en la trampa de sentirnos poco competentes o de creer que no estamos a la altura de ciertos estándares. Sin embargo, la verdad es que somos lo suficientemente buenos por naturaleza, tal como somos. Nuestro valor no se mide por logros externos, aprobaciones o comparaciones con otras personas. Tenemos cualidades, fortalezas y talentos únicos que nos hacen valiosos y dignos de amor y aceptación.

Cómo funciona este libro

Aceptar lo que valemos nos permite cultivar la autocompasión, la autoaceptación y la paz interior. Al reconocer nuestra bondad innata podemos liberarnos de la necesidad de esforzarnos constantemente y ser perfectos y, en cambio, aceptar nuestra versión más auténtica con amabilidad y amor. El verdadero cambio sucede cuando te das cuenta de que *ya* eres suficiente simplemente por ser quien eres.

Por eso he escrito este libro: para darte una nueva perspectiva, ayudarte a entender y brindarte las herramientas que necesitas para vencer el pánico interno propio de la ansiedad de alto funcionamiento, encontrar el equilibrio y avanzar. Te explicaré exactamente qué es la AAF y te mostraré cómo reconocer sus síntomas y patrones de comportamiento en tu propia vida. Y entonces te ayudaré a adoptar una nueva forma de ser.

Gracias a mi enfoque, probado y fundamentado en principios psicológicos, podrás descubrir tu fortaleza y resiliencia internas. A partir de ejercicios prácticos, herramientas y preguntas diseñadas para la introspección, te motivaré a enfrentarte a tus miedos y superar la ansiedad. Puedes lograrlo: está a tu alcance y te lo mereces. Prepárate para crecer y extender tus horizontes más allá de lo que conoces.

Introducción a los cinco pasos

Este libro es una guía de cinco pasos para manejar la AAF y se divide en dos partes. La parte I, «Desaprender», comprende los pasos 1 y 2. Cuando acompaño a mis clientes en el proceso de superar su AAF, lo primero que hago es ayudarlos a reconocer que la padecen y luego a comprender por qué. Si no logramos entenderlo, simplemente estaremos tratando los síntomas en lugar de abordar el factor que la origina: el miedo. La parte de desaprender implica reconectarnos con nosotros mismos, descubrir dónde se origina ese miedo y luego desaprender los comportamientos que resultan de él. En la parte II, «Aprender», abordaremos los pasos 3, 4 y 5 y aprenderás a reconectar contigo mismo. Descubrirás cómo gobernar la sensibilidad agudizada que se asocia con la AAF y también cómo confiar en ti mismo y mostrarte compasión. Aquí tienes un resumen de los cinco pasos:

Paso 1: Descubre tus patrones y revela tu yo oculto
Esta exploración profunda de la AAF describe qué es y de dónde proviene, además de revelar cómo se manifiesta en patrones de comportamiento clave.

Paso 2: Descifra tus patrones, descubre tus creencias y enfréntate a tu sombra
Aquí indagarás con más profundidad en cómo reconocer estos patrones para entender de dónde provienen y por qué actúas como lo haces.

Paso 3: Desarrolla una conexión contigo mismo y deja atrás el miedo
Este paso, entre otras cosas, te ofrecerá un conjunto de herramientas que te ayudará a controlar el miedo, la ansiedad y las inseguridades.

Paso 4: Acepta tu sensibilidad y recupera la confianza en ti mismo
Descubre cómo implementar límites saludables que te protejan mientras aprendes a manejar la sensibilidad agudizada propia de la AAF.

Paso 5: Libera la autocompasión

Domina el arte de ser amable contigo mismo y descubre las distintas formas de progresar con la ayuda de los doce «poderes».

En este libro compartiré contigo mi experiencia personal con la AAF, así como las valiosas lecciones que he aprendido trabajando con mis clientes a lo largo de los años. He incluido diversos casos de estudio como ejemplos de comportamientos asociados con la AAF (ten en cuenta que los nombres y las historias han sido modificados para preservar la confidencialidad). Aprenderás a confrontar tu pasado, entenderás cómo influye en tu presente y forjarás un futuro más pleno.

Tuve la suerte de encontrar por fin un terapeuta que me ofreció un espacio seguro para afrontar mis sombras y mi ansiedad. Todavía recuerdo cómo me sentí al empezar a comprender mis patrones de comportamiento y cuando finalmente todo comenzó a cobrar sentido. Pude empezar a abrir el corazón y a confiar en mí misma, y fue una sensación maravillosa. Me sentí en paz. Incluso en los momentos en que titubeé supe entender *por qué* estaba sucediendo. Ese fue el comienzo de mi viaje. Tener este libro entre las manos es el inicio del tuyo.

Desaprender

PASO 1

Descubre tus patrones y revela tu yo oculto

¿Con qué frecuencia no solo te *dices* cosas a ti mismo como «No soy lo suficientemente bueno», «Soy idiota» o «Soy patético», sino que también lo *demuestras* con comportamientos autodestructivos, actitudes negativas y autosabotaje? ¿Sientes que algo no anda bien en ti, aunque no puedas identificar exactamente qué es? ¿Te das cuenta de que este patrón de comportamiento se repite sin cesar y que tu autoestima empeora cada vez más?

Antes de empezar a ir a terapia vivía sin darme cuenta de que estaba atrapada en esta rutina de comportamiento. Siempre había sido la fuerte: me preocupaba por los demás, ponía sus necesidades primero y me mostraba como la persona que lo tenía todo bajo control. Nadie sabía quién era realmente. Sin embargo, con el tiempo esa forma de ser me consumió.

Llegó un día en que los métodos de afrontamiento que había usado toda mi vida dejaron de funcionar; me sentía agotada, exhausta, resentida y abrumada por la vergüenza. Necesitaba ayuda, pero no confiaba lo suficiente en nadie para permitirles acercarse. Tenía miedo de ocupar espacio, de ser una carga y, sobre todo, de lo que otras personas pensarían de mí. No sabía qué hacer ni cómo superarlo. ¡Lo único que quería era que se terminara!

En terapia me vi obligada a mirarme a mí misma: en ese contexto no hay escapatoria, ya que el foco está puesto únicamente sobre ti. En ese espacio reconocí el odio que sentía hacia mí misma y la vergüenza que llevaba dentro, un peso que había cargado durante años. Me sentía desconectada de mí misma, de las partes que me avergonzaban y que no quería que los demás vieran. No estaba viviendo de la manera que realmente quería. Nunca me sentía suficiente y trataba de compensarlo complaciendo a los demás, intentando ser quien yo pensaba que esperaban que fuera. En realidad, mi relación conmigo misma era terrible. Me trataba mal sin siquiera ser consciente de ello. No entendía que todo era consecuencia de vivir con el temor al rechazo de los demás. ¡Pero la única persona que me estaba rechazando era yo misma!

Entender la ansiedad de alto funcionamiento

Me resulta fascinante cómo pueden cambiar las cosas tan drásticamente cuando comenzamos a entendernos a nosotros mismos. Cuando elegí pasar a la acción *todo* cambió: mis relaciones, mi mentalidad, mi vida laboral. Tomar esa decisión derribó las barreras que yo misma había erigido y dio rienda suelta a un nuevo potencial. Ya no me impulsaba el miedo a lo que otras personas pensaran de mí, ni el temor al fracaso. Aunque es cierto que ese miedo nunca desaparece del todo, pude aprender a calmarlo.

Todos tenemos momentos en los que no nos sentimos
bien con nosotros mismos, pero cuando se convierte en
un círculo vicioso que nos hunde y nos aleja de la
felicidad, ha llegado la hora de actuar.

Por esta razón quiero compartir contigo mi guía de cinco pasos para gestionar la AAF. Quiero ayudarte a aprender a sentirte a gusto ocupando tu lugar en el mundo, sin que te inquiete lo que los demás puedan pensar. El propósito del primer paso de esta guía es que entiendas a fondo qué es la AAF, que identifiques sus síntomas y características y que reconozcas si estos se reflejan en tu forma de comportarte.

Cuando inicié el camino para mejorar mi propia ansiedad de alto funcionamiento, lo primero que necesité fue entender qué significaba el término y cómo se manifestaba en mi vida este tipo de ansiedad. «Alto funcionamiento» se refiere a desempeñarse u operar a un nivel superior; otra manera de expresarlo sería «superar las expectativas». Cuando tenemos AAF generalmente nos consideramos totalmente indignos, y eso nos lleva a esforzarnos más solo para sentir que somos «suficientes» o para distraernos. Nos ponemos el listón más alto que nadie y caemos en un ciclo sin fin en el que tratamos de alcanzar los estándares que nosotros mismos nos hemos impuesto.

La primera etapa para gestionar la AAF es entenderla, y la siguiente es desaprender los comportamientos asociados a ella. ¿Por qué? Porque creo que es imposible hacer un avance sustancial si no entendemos realmente con qué estamos lidiando. Es como observar una flor y preguntarnos por qué no florece, cuando en realidad lo que tenemos que hacer es considerar la planta en su totalidad.

Creo que la mayoría de las personas sabe lo que es la ansiedad y cómo puede afectarnos. La ansiedad intensa puede hacernos sentir prisioneros de nuestras emociones, lo cual tiene un impacto en nuestra habilidad para vivir el día a día o cuidarnos adecuadamente. Sin embargo, la AAF es una ansiedad encubierta, una manera de afrontar la vida con vergüenza y en silencio, impulsada por el miedo a no ser «lo suficientemente buenos».

Quienes padecen AAF suelen ser personas sobresalientes que, a ojos de los demás, son exitosas, determinadas y parecen tenerlo todo. Pero esa es solo la imagen que muestran al mundo. Por dentro sufren muchos de los síntomas de la ansiedad intensa, y estos están tan arraigados en su ser que a veces no se percatan de que están atrapados en un comportamiento cíclico, o de que padecen AAF siquiera.

Se acostumbran a lidiar con la sensación de «no ser lo suficientemente buenos» y mantienen estándares altísimos, en un esfuerzo constante por demostrar y reafirmar su valor, no ante los demás, sino ante sí mismos. Si no toman conciencia de que están en este ciclo, el patrón de comportamiento de la AAF persistirá hasta desembocar en un estado de agotamiento total o colapso.

La AAF y la sensibilidad agudizada

Las personas que sufren AAF tienden a ser extremadamente sensibles. En cierto(s) momento(s) de su vida han llegado a la conclusión de que quiénes son o quiénes aspiran a ser simplemente no es suficiente. No saben cómo controlar esa sensibilidad y no perciben que es la raíz de la ansiedad que experimentan a diario. De este modo, se angustian por la imagen que proyectan y dejan en manos de otros la definición de su propio valor. Desarrollan patrones de comportamiento que se anclan en la creencia de que necesitan la aceptación ajena para sentirse suficientes.

Las personas que tienen AAF interpretan el mundo a su alrededor desde su sensibilidad: se toman las cosas de manera personal cuando quizá no deberían y luego se presentan de la manera que *creen* que los demás esperan que sean. Terminan atrapados en un ciclo en el que hacen lo que piensan que otras personas quieren de ellos, solo para sentirse lo suficientemente buenos, y al hacerlo ignoran o repromen lo que realmente desean. Les cuesta simplemente *ser* (hacer una pausa y estar en calma) y aquí es donde reside el verdadero problema. Abordaremos más detalladamente la AAF y la sensibilidad agudizada en el paso 4.

En mi práctica profesional empleo un modelo dual para ayudar a mis clientes a ver que las personas que tienen AAF desconocen absolutamente su nivel de sensibilidad.

Lo que una persona con AAF *cree* que significa ser sensible	Lo que *realmente* significa ser sensible
Ser dramático	Ser apasionado
Ser ansioso	Ser intuitivo
Ser irracional	Ser reactivo
Ser complicado	Ser empático
Ser un fastidio	Ser comprensivo
Ser débil	Ser observador
Ser emocional	Estar en sintonía con los demás

Las dos caras de la sensibilidad

Esto ilustra a la perfección cómo quienes padecemos AAF percibimos la sensibilidad como una debilidad y tratamos de atenuar nuestros verdaderos sentimientos para encajar. No queremos ser distintos ni sobresalir, pero, como seres humanos, cada uno está destinado a resplandecer a su manera, y eso es maravilloso. La sensibilidad *no* es una debilidad; de hecho, allí es donde reside nuestro poder cuando se trata de explorar el mundo de una manera más profunda y significativa.

«Ese no es el café que he pedido»

Veamos otro ejemplo de cómo se manifiesta la sensibilidad en personas con AAF. Estoy en el mostrador de una cafetería y pido un capuchino. El camarero es brusco conmigo (según mi percepción) y siento que soy una molestia para él, ya que suspira en repetidas ocasiones mientras anota mi pedido y no me ofrece ni una sonrisa.

Cuando recibo mi bebida veo que es un café con leche en lugar del capuchino que he pedido. Sin embargo, como creo que soy un fastidio y el camarero no parece tener su mejor día, decido no decir nada. La idea de hablar me genera ansiedad, temo que pueda surgir un conflicto si el camarero me responsabiliza a mí por la confusión: quizá *sí* pedí un café con leche o me expresé mal. Es más fácil aceptar la bebida equivocada.

Lo que yo (o mi ansiedad) no estoy teniendo en cuenta es que tal vez el camarero no ha sido brusco específicamente conmigo. Puede que esa sea su manera de ser o que tenga algún problema del cual no tengo idea. Sin embargo, mi sensibilidad agudizada ha detectado su comportamiento y mi creencia de «no ser lo suficientemente buena» me lleva a pensar que es *mi* culpa. Este es un claro ejemplo de cómo nuestras creencias tiñen nuestra percepción del mundo y de cómo la AAF complica nuestra capacidad para ver la realidad de las situaciones.

Disforia sensible al rechazo

Esta reacción emocional al percibir un juicio negativo se denomina disforia sensible al rechazo (DSR). Interpretamos las situaciones externas a través del filtro de nuestras creencias y nos basamos en nuestras propias experiencias en lugar de evaluar la realidad de los hechos. Les damos un *significado* que no necesariamente es cierto y lo enmarcamos en el contexto de nuestra propia falta de autoestima. Convertimos algo que es *externo* en algo *interno*, lo cual refuerza nuestra sensación de no ser lo suficientemente buenos. La tabla que se presenta a continuación ofrece varios ejemplos de cómo se presenta la DSR.

Situación externa	Pensamiento sobre la situación externa	Significado que se le atribuye	Creencia interna
No recibir una invitación para asistir a un evento social.	«No me han invitado; debo de haber hecho algo mal.»	«Prefieren no tenerme cerca.»	«Soy una persona no grata o indeseable.»
No recibir una respuesta a un mensaje.	«Me están ignorando; debo de haberlos molestado.»	«No les importa mi amistad, no les intereso.»	«No merezco atención ni reconocimiento.»
Recibir una crítica constructiva en el trabajo.	«Critican mi trabajo; debo de ser incompetente.»	«Creen que no soy capaz, que no doy la talla.»	«Soy un fracaso, no estoy a la altura.»

Ser contrariado en una discusión.	«No están de acuerdo conmigo; debo de estar equivocado o ser un estúpido.»	«No respetan mis opiniones o pensamientos.»	«No soy inteligente ni estoy a la altura.»
No recibir una respuesta positiva de un ser querido.	«No me demuestran cariño; debo de haberlos defraudado.»	«No les importan mis sentimientos ni me quieren.»	«No soy una persona digna de amor ni de afecto.»
Ser interrumpido durante una conversación.	«Me han interrumpido; no debo de tener nada importante que decir.»	«No valoran mis pensamientos ni mis opiniones.»	«Soy irrelevante, no merezco ser escuchado.»

Disforia sensible al rechazo

Aunque no tiene nada de malo ser amable y preocuparse por los demás, eso no quiere decir que debamos asumir sus problemas o aceptar una bebida que no queremos solo por temor a incomodar a un camarero. Esa no es nuestra responsabilidad. Replantearnos nuestra perspectiva sobre las experiencias nos permite ver el mundo de otra manera y tomar decisiones que nos convengan. Profundizaremos en la técnica de reencuadre más adelante en el libro.

Nuestro yo oculto

Construir una personalidad fundamentada en el miedo y en la búsqueda de aprobación ajena es insostenible. Vivir pendientes de lo que suponemos que otros piensan de nosotros es una tarea vacía, pues jamás podremos saber lo que otra persona piensa de nosotros. En realidad solo estamos luchando contra nosotros mismos y, lamentablemente, lo estamos haciendo desde el bando incorrecto. Es hora de dejar de mirar hacia fuera, porque las respuestas residen en nuestro interior. Profundizaremos en esta lucha interna en el paso 2.

Negar quiénes somos realmente, o quiénes aspiramos a ser, por temor a cómo nos percibirán los demás nos condena a vivir en un estado constante de ansiedad. A veces esto desencadena conductas compensatorias como la rumiación, el catastrofismo y el perfeccionismo, rasgos que a su vez desequilibran el sistema nervioso. Estos comportamientos cumplen con nuestra necesidad básica de sentirnos seguros, pero no atacan la raíz del problema. Hablaremos más sobre estas conductas compensatorias en el paso 2.

Visualiza un iceberg. Es bien sabido que el 90 por ciento de un iceberg se encuentra sumergido bajo el agua. Imagina entonces que la parte visible que está sobre el agua simboliza la ansiedad, el miedo y las conductas compensatorias que adoptamos para sentirnos protegidos. Sin embargo, la vasta porción sumergida representa esa parte de nosotros que no se siente «lo suficientemente buena», esa parte que está oculta y que los demás no pueden ver.

Lo más doloroso es que somos nosotros mismos quienes hemos decidido que esa parte no es lo suficientemente buena, basándonos en nuestras propias experiencias. Escondemos ese aspecto de nosotros, creyendo que debemos actuar de una manera determinada para ser aceptados. Aunque no sea así, se termina convirtiendo en nuestra manera de vivir la vida, hasta que algo sacude nuestro iceberg y nos fuerza a afrontar esa parte oculta de nosotros.

No sentirse lo suficientemente bueno

Todos los que convivimos con la AAF compartimos la necesidad de sentirnos lo suficientemente buenos. Sin embargo, lo que cada uno considera «suficientemente bueno» es una cuestión personal y está moldeada por nuestras experiencias, lo que hace que la AAF se manifieste de distintas maneras en cada persona; por eso es tan difícil de reconocer. Por consiguiente, es crucial identificar y respetar estas diferencias.

La necesidad de sentirnos «lo suficientemente buenos»
es la raíz de la AAF. Una vez que entendamos eso
podremos detectar y abordar los comportamientos
asociados a esta condición.

Tal como he explicado anteriormente, quienes sufren AAF tienden a destacar en su entorno laboral, se desenvuelven bien socialmente y muchas veces son personas que se desempeñan a la perfección y tienen éxito. Sin embargo, hay una gran diferencia entre lo que vemos y lo que sucede entre bambalinas. En su interior, quienes padecen AAF viven con síntomas similares a los de un trastorno de ansiedad diagnosticado: una intensa sensación de catástrofe inminente, la impresión de perder el control y una rumiación excesiva. También pueden presentar síntomas físicos como taquicardia o problemas digestivos. La imagen del cisne que se desliza sereno sobre el agua mientras rema con desesperación bajo la superficie es una analogía que refleja bien esta situación. Quienes padecen AAF pueden enfrentarse a la vergüenza y la culpa por esconder su verdadera identidad, hasta el punto de llegar a desagradarse a sí mismos o sentir que no merecen ser queridos. Esta condición también puede interferir en su habilidad para establecer relaciones profundas.

Eso es lo que me sucedió a mí. Vivía para satisfacer a los demás, pero no era consciente de ello. Buscaba cualquier tipo de conexión que me hiciera sentir que me necesitaban: si alguien requería algo de mí, quería decir que yo era lo suficientemente buena y estaba a la altura. Este fue un patrón que aprendí durante la infancia a partir de mi interacción con los demás y que trasladé a mis relaciones adultas, y nunca me permití comprender mis verdaderas necesidades más allá de la validación externa. Me privé de las relaciones profundas que yo quería forjar con tal de satisfacer mi necesidad de ser amada. Solo sentía un alivio pasajero cuando recibía pequeñas migajas de atención de los demás, y eso me hacía sentir que estaba desconectada, que era invisible, que no me escuchaban y que estaba sola.

Seguí actuando de la misma manera porque no consideraba que fuera digna de recibir amor; sentía que no merecía que se atendieran mis necesidades. Y cuando nuestras necesidades no se satisfacen tendemos a buscar esa plenitud en las relaciones. Sostenemos un patrón en el que anhelamos que nos presten atención y que nos valoren, dispuestos a hacer lo que sea para satisfacer a los demás, incluso si eso significa sacrificar nuestro tiempo y nuestra energía. Esto puede llegar a ser agotador.

Crear las reglas de la vida

Si durante tu infancia no te sentiste querido, es probable que continúes buscando ese amor en tus relaciones actuales. Repetirás este patrón hasta que entiendas *por qué* lo haces y puedas desarrollar estrategias que te impulsen hacia delante. Tu «niño interior», esa parte de ti que aún se aferra a las experiencias de la infancia y que influye en tu vida actual, necesita ser atendido para llegar a entender a fondo esta cuestión. Solo así podrás empezar a liberarte de ese patrón.

> El NIÑO que recibió amor con condiciones = el ADULTO que cree que debe ganarse el amor y no se siente lo suficientemente bueno.

Al remontarme a mi infancia para comprender mis patrones de comportamiento, me di cuenta de que mis cuidadores no me habían dado la conexión emocional que necesitaba. No era culpa suya; a ellos también los guiaron sus primeras experiencias en la vida. Sin embargo, al no satisfacerse mis necesidades emocionales, interioricé la idea de que era «un fastidio» y me preocupaba ocupar espacio. Como resultado aprendí a opacar mi brillo, a desconfiar de mí y a depender más de las reacciones ajenas para asegurarme de que era «suficiente» para ellos.

Sin embargo, no era que yo fuera un fastidio, sino que los demás no sabían cómo permitirme ser yo misma. Era una niña sensible que percibía las reacciones de la gente y les asignaba significados irracionales; esto me llevó a establecer mis propias reglas para la vida y a controlar cómo me mostraba ante el mundo.

Desde la infancia desarrollamos reglas sobre cómo relacionarnos con otras personas, basadas en nuestras interpretaciones de las experiencias vividas, y podemos llevar estas reglas hasta nuestras relaciones adultas. Por ejemplo, una norma que tal vez desarrollaste durante la infancia fue que «la gente siempre te abandonará». Tal vez llegaste a esta conclusión porque uno de tus padres estuvo ausente o te defraudó en repetidas ocasiones. Sentiste que no podías contar con ese progenitor, lo cual, inconscientemente, afectó tus futuras relaciones.

> El NIÑO que tuvo que atender sus propias necesidades emocionales = el ADULTO al que le cuesta mostrarse vulnerable ante los demás.

La AAF y el miedo al rechazo

Como ya he mencionado, a veces las personas que sufrimos AAF creemos que somos «extremadamente sensibles». Pero no es así. En realidad, el problema radica en que no contamos con las herramientas adecuadas para gestionar nuestra sensibilidad. Quizá estemos en sintonía con los demás y percibamos determinadas cosas sobre ellos, pero en vez de reconocer que estamos detectando algo que les ocurre a ellos, nos lo tomamos como algo personal. Esto, a su vez, puede influir en nuestro propio comportamiento.

Veamos un ejemplo. Llegas al trabajo y uno de tus compañeros, con quien normalmente compartes algunas risas, está muy serio. Haces una broma, como de costumbre, pero no hay ninguna respuesta.

Inmediatamente empiezas a imaginarte lo peor y a preguntarte qué habrás hecho para ofenderlo y por qué parece que ya no le caes bien. En realidad, tu sensibilidad te hace ver el cambio en su comportamiento, por lo que notas que las cosas no están como de costumbre y que algo parece distinto. Sin embargo, en lugar de preguntarle si todo está bien, te lo tomas como algo personal y supones que se debe a algo que tú has hecho. En consecuencia, quizá tiendas a cerrarte porque sientes que tu compañero te ha rechazado (aunque realmente no sea así), o podrías intentar compensar de más para sentir que has restablecido una buena relación con él.

Ahora bien, puede ser que tu compañero de trabajo no haya dormido bien, o que tenga una reunión difícil por delante, o que esté sucediendo algo en su vida personal, lo cual no tiene nada que ver contigo. Cuando *entiendes* tu propia sensibilidad pueden cambiar muchas cosas. Modificar el ángulo desde el cual ves las situaciones es un cambio poderoso.

La AAF nace de no sentirnos lo suficientemente buenos, y este sentimiento surge del miedo; un miedo que se alimenta de experiencias pasadas. Profundizaremos en esto en el paso 2. Como ya he mencionado, quienes sufren AAF esconden aquellas partes de sí mismos que sienten que no son aceptables, y su ansiedad los impulsa a intentar conseguir cada vez más cosas. Luchan por sentirse *suficientes*, aunque sea momentáneamente, pero hasta que no se *acepten* tal como son, no lo lograrán. En su lugar buscan formas de satisfacer su necesidad de aprobación, incluso cuando hacerlo es perjudicial para su bienestar.

Tu valor no depende de que otros lo reconozcan o no. Tu valor proviene de la relación que tienes contigo mismo: cómo te respetas, cómo te escuchas y te das lo que necesitas y cómo te proteges de energías que no están en sintonía contigo.

La importancia de la autorreflexión

Quiero aclarar que no pretendo culpar a nadie; todos somos seres humanos, cada uno con sus propias necesidades complejas, y a veces las personas a nuestro alrededor no tienen la capacidad de satisfacerlas. Me siento agradecida por todo lo que me han dado durante mi infancia, pero también entiendo que hay cosas que no recibí. Era una adolescente muy enfadada, pero en mi interior lo que más anhelaba era amor y que me vieran. Sin embargo, no permitía que nadie se acercara.

Ahora, en retrospectiva, entiendo que aquel comportamiento tenía su origen en el temor al rechazo. Me acostumbré a la soledad de mis pensamientos, que únicamente confiaba a mi diario (hasta que alguien lo descubrió, y entonces me refugié en la poesía y el arte). Me convertí en una maestra del disfraz: le mostraba al mundo lo que creía necesario para ganarme su validación y probar que no había nada malo en mí.

Evadía y negaba las partes de mí que no aceptaba, sin darme cuenta de que la verdadera lucha estaba en mi interior. Podría haber leído todos los libros de autoayuda que existen, y todos hubieran dicho que tenía que quererme a mí misma, pero era imposible hacerlo sin entender lo que realmente sucedía dentro de mí. Conocía una sola forma de satisfacer mis necesidades: complacer a los demás según lo que creía que esperaban de mí.

Esto funcionó durante un tiempo, hasta que dejó de hacerlo. Fue entonces cuando entendí que necesitaba un cambio. Estoy convencida de que son ciertas experiencias las que nos permiten madurar y comprender de un modo más profundo. Como la mariposa en su crisálida esperando el momento de salir, necesitamos pasar un tiempo en ese espacio de preparación hasta que estemos listos para el cambio.

A medida que transitamos por la vida, a veces sucede que no la comprendemos hasta que reflexionamos sobre nuestro pasado y vinculamos esos recuerdos con el presente. Nuestras experiencias nos ayudan a entender nuestros patrones de comportamiento y nos ofrecen opciones claras para avanzar. Aun así, podemos encontrarnos en situaciones que nos hacen sentir que nos ahogamos. Sin embargo, la resiliencia que forjamos gracias a la autorreflexión nos da la fuerza y el valor para seguir adelante en el camino de la vida.

Saber quiénes somos

Dado que la AAF no cuenta con un reconocimiento oficial como diagnóstico psicológico, la información sobre cómo comprenderla y gestionarla es escasa. Eso es precisamente lo que quiero cambiar con la guía de cinco pasos que presento en este libro. Y con *cambiar* no me refiero solo a la etiqueta; hablo de *entender* en profundidad. Adentrarte en el análisis de tus acciones te brindará claridad y sabiduría y te ayudará a ser más consciente de ti mismo.

Si nos cuesta reclamar nuestro lugar porque nos sentimos una carga, eso se reflejará en la forma en que interactuamos con el mundo. Podemos sentirnos confinados y limitados a un espacio que creemos merecer, sin darnos la oportunidad de expandirnos. No naciste así; es algo que aprendiste con el tiempo.

Es posible desaprender esa manera de vivir,
desconectarte de cómo crees que **deberías** *ser y*
reconectarte con un espacio donde puedas **ser.**

A los 22 años me diagnosticaron dislexia, y eso me devastó. Recuerdo que tuve una conversación con una profesora de la universidad que quería hablar conmigo sobre el primer ensayo que suspendí en mi vida. Antes de la reunión imaginé lo peor: creía que ella había descubierto lo estúpida que era realmente y que me expulsarían del máster. Sin embargo, sus palabras fueron las siguientes: «Lalitaa, ¿alguna vez te han dicho algo sobre tu manera de redactar y estructurar las frases?».

Al oír aquellas palabras rompí en un llanto desconsolado. Eran lágrimas de alivio porque alguien finalmente se había dado cuenta de lo mucho que me estaba costando, pero también lágrimas de vergüenza porque habían descubierto que era un fracaso. En ese momento había dos partes de mí en juego. Fue un momento poderoso. Sabía que la profesora, Sally, me hablaba desde un lugar de cuidado y consideración, así que, por un lado, era una sensación agradable. Sin embargo, por el otro, tenía muchas ganas de esconderme. Tras descubrir que tenía dislexia me dediqué a investigar para entenderla a fondo. Sin embargo, no le hablé a nadie sobre mi diagnóstico. Me di cuenta de que durante años había encontrado maneras de afrontar y controlar mi forma de leer e interpretar el mundo. En la escuela y en la universidad tuve que esforzarme mucho más y constantemente me comparaba con otros estudiantes que parecían comprender las cosas con facilidad, mientras que yo pasaba horas intentando que la información se me fijara en la mente. Después de reflexionar pude entender cómo esto había afectado a mi autoestima y mi confianza, y la razón por la que ocultaba mis verdaderos comportamientos tras un esfuerzo constante por prosperar.

Esa sed de éxito me impulsó a seguir estudiando, así que empecé mi doctorado. Sin embargo, no fue hasta después de terminarlo que me diagnosticaron trastorno por déficit de atención e hiperactividad (TDAH). Esto me devastó de nuevo, pero también sentí un gran alivio y pensé: «No soy yo» y «El problema no soy yo». La «etiqueta» del TDAH me permitió aceptarme, porque me ayudó a comprender mi mente y el porqué de mis métodos de trabajo.

Finalmente las piezas empezaron a encajar y dejé de sentir vergüenza por algo que creía que estaba «mal» dentro de mí. Me enfadé con mi escuela por no haber identificado el TDAH y recordé lo mucho que tuve que esforzarme (siendo una estudiante sobresaliente) para obtener las mejores notas en mis exámenes. En la escuela siempre fui la niña ejemplar que seguía las reglas al pie de la letra. Por supuesto, me elogiaban por este comportamiento, lo cual me animaba a continuar así.

Solo al entender quiénes somos podremos comunicarnos y conectar con los demás de una manera genuina y estable, en lugar de hacerlo de manera reactiva o desde un estado de ansiedad elevada. Saber quiénes somos realmente es una herramienta poderosa.

Los síntomas de la AAF

Como bien sabes, para identificar la AAF primero debemos reconocer y entender sus síntomas y características, y también estar al tanto de las distintas maneras en que puede afectarnos. La única forma de aceptarnos es entendernos. Una técnica que aplico con mis clientes consiste en sentarnos juntos, sin prejuicios y con la mente abierta, y de este modo puedo ayudarlos a entenderse mejor a sí mismos. A veces, para comprender la razón de nuestros sentimientos lo único que necesitamos es un espejo.

Vamos a explorar siete síntomas psicológicos fundamentales de la AAF, cada uno vinculado a una conexión entre mente y cuerpo, y cómo se reflejan en nuestro comportamiento cotidiano. Te presentaré ejemplos de cómo puede manifestarse cada síntoma dentro del marco de «no sentirse lo suficientemente bueno» para que puedas reconocerlos cuando sucedan.

Síntoma 1 de la AAF: perfeccionismo

El perfeccionismo, o ser perfeccionista, está relacionado con la imagen de nosotros que proyectamos al mundo. Nos exigimos altos estándares y tenemos expectativas estrictas e ideas concretas sobre cómo alcanzar un determinado resultado. ¿La razón? En el fondo queremos demostrar a todo el mundo que somos lo suficientemente buenos.

Los perfeccionistas suelen ser personas motivadas, organizadas y fiables, pero también pueden volverse extremadamente críticas si sus expectativas no se cumplen. No obstante, el perfeccionismo también puede ser un síntoma de la ansiedad. Muchas veces el perfeccionismo surge del temor al fracaso o al rechazo de algún tipo, y el miedo y la ansiedad son los que impulsan este comportamiento. Sin embargo, la cuestión es que la perfección no existe.

Hace poco tuve una charla con una mujer que tenía la intención de emprender su propio negocio, pero aún no lo había hecho. Al indagar sobre las razones, ella atribuyó su vacilación al perfeccionismo. Su respuesta me despertó curiosidad, así que le dije: «A veces el perfeccionismo surge de un miedo más profundo».

Ella negó sentir temor alguno, pero a medida que nuestra charla avanzaba quedó demostrado que eso no era cierto. Ella explicó que, aunque los demás siempre la veían como una persona fuerte e independiente, tenía miedo al fracaso y temía romper con esa imagen de «tener todo bajo control» que la gente percibía en ella. El miedo a que su negocio fracasase provenía de su necesidad de no parecer «imperfecta». Por eso eligió la «seguridad» de su situación actual en lugar de arriesgarse con su negocio, a pesar de estar más que cualificada para ello. Este temor al fracaso y el consiguiente perfeccionismo la inmovilizaban.

El perfeccionismo puede paralizar a algunas personas por el temor a fracasar, y eso les impide comenzar la tarea en cuestión. Este comportamiento también se observa en grandes figuras de nuestra época que, por miedo al fracaso y al juicio ajeno, han optado por no mostrar su mejor trabajo. A esto me refiero cuando digo que muchos de mis clientes intuyen que algo no marcha bien, pero no logran precisar qué es exactamente.

Esta mujer quería emprender su propio negocio, pero su perfeccionismo le servía de pretexto para postergarlo; sin embargo, la raíz de su inacción era el miedo al fracaso. Esto es algo que tiene múltiples dimensiones, ya que cuando tenemos AAF interpretamos el mundo a través de nuestra sensibilidad agudizada. Nuestros comportamientos, nuestras reacciones y la manera en que nos mostramos están influenciadas por experiencias previas, diseñadas para protegernos. A veces ni siquiera nos percatamos de que no nos sentimos «lo suficientemente buenos»; simplemente tenemos la certeza de que algo no va del todo bien.

No sentirse lo suficientemente bueno

Imagina que estamos teniendo una conversación y, mientras hablo, apartas la mirada o pareces distraído. En calidad de persona perfeccionista con AAF, modificaré lo que digo o cómo abordo la conversación porque creo que no te interesa lo que estoy diciendo. Pero esa es solo mi percepción. Tal vez estés cansado o haya algún factor completamente ajeno a mí que te distraiga.

Sin embargo, siento la necesidad de demostrarte que soy «perfecta» y que lo tengo todo organizado, como parte de mi necesidad de controlar. Este comportamiento me hace sentir que soy lo suficientemente buena y que no hay nada malo en mí, aunque en el fondo sé que no es así. Es una solución momentánea. Ser perfeccionista implica que no me muestro como realmente soy; más bien presento la versión que creo necesaria para obtener la aceptación ajena. Y cuando consigo esa aceptación me siento mejor.

Cuando buscamos la validación externa les concedemos a otros el poder sobre nuestro propio valor. Esto implica que cada paso que damos está orientado a complacer a otras personas y a cómo creemos que esperan que actuemos, en lugar de hacerlo con autenticidad. Ha llegado el momento de retomar ese poder.

Síntoma 2 de la AAF: catastrofismo

El catastrofismo se puede describir como el resultado de la acción de visualizar el peor desenlace posible de una acción o evento, o creer que las cosas son mucho peores de lo que en realidad son. Es una forma de distorsión cognitiva o pensamiento distorsionado. Cuando somos catastrofistas analizamos excesivamente una situación y sobrestimamos la probabilidad de que ocurra algo malo. Sumergirnos en este abismo puede llevarnos a un estado de miedo, ansiedad, agobio y confusión.

Sentir nervios antes de una presentación es algo bastante común. Sin embargo, si imaginamos que nos quedamos sin voz, que el proyector falla y que el público se ríe de nosotros y reproducimos estos escenarios negativos una y otra vez en la mente, cuando llegue el evento real el cuerpo ya estará en un estado de ansiedad porque ha vivido múltiples visualizaciones en las que las cosas salen mal. Hemos creado una situación en la que ya estamos vinculados a emociones negativas, y eso no hace más que intensificar nuestra ansiedad. Esto ocurre porque hemos dejado que nuestra imaginación se sumerja en un laberinto de posibilidades.

El catastrofismo surge del miedo a ser juzgados, que a su vez proviene del miedo al rechazo. Nos limita y nos impide alcanzar nuestro máximo potencial.

Aprendemos a ser catastrofistas y a pensar en los próximos diez pasos que daremos porque hacerlo nos ofrece seguridad. Si logramos prever todo lo que podría salir mal en cada escenario posible, podremos anticiparnos y evitarlos. Sin embargo, esto puede impedirnos aprovechar oportunidades, ya que hemos imaginado nuestra salida de ellas. Estamos dejando que el miedo dirija nuestro camino. Si nos preparamos demasiado para todo, significará que lo tendremos todo bajo control y no nos pillarán desprevenidos.

Actuamos así para no volver a sentir emociones como angustia, vergüenza, culpa o bochorno. Digo «volver» porque ya experimentamos estas emociones en el pasado y no fue nada agradable, así que buscamos maneras de eludirlas en el presente. Es como lo que aprendemos, por ejemplo, después de tocar un cuchillo afilado y cortarnos en un dedo. No queremos lastimarnos otra vez, así que seremos más cautelosos al usar cuchillos afilados. El cerebro asocia el cuchillo con el dolor, por lo que lo percibe como un peligro. O tal vez si en la escuela alguien se burló de nosotros cuando nos pronunciamos sobre algo en clase y nos sentimos avergonzados y humillados, evitaremos volver a hablar en clase para no revivir esos sentimientos.

Sin embargo, cuando nos ponemos catastrofistas y pensamos demasiado en una situación empezamos a crear límites y emociones que en realidad no existen. Como el cuerpo no distingue entre lo real y lo imaginario, cuando nos dejamos llevar por el catastrofismo cree que realmente estamos viviendo esas emociones ficticias.

Por ejemplo, si pensamos cosas como «Si no apruebo este examen, suspenderé la asignatura. Entonces no entraré a la universidad y nunca tendré una carrera»; o «Si mi trabajo no es impecable, nunca me ascenderán y seré un fracaso»; o incluso «Si no causo una buena impresión, todos se reirán de mí y seré un marginado», el cuerpo piensa que esto es lo que está sucediendo y trata de protegernos enseñándonos a evitar la situación.

No sentirse lo suficientemente bueno

Imagina que acabas de comprar una blusa colorida con la intención de estrenarla en una salida nocturna, pero luego recuerdas que una vez alguien se puso algo similar y una amiga hizo un comentario negativo al respecto. Te la imaginas diciéndote: «¿Vas a ponerte eso? Es un poco llamativo, ¿no?».

Estas situaciones en las que estás pensando no han sucedido y, sin embargo, ya sientes la vergüenza y el malestar dentro de ti. Estás siendo catastrofista, anticipando críticas inexistentes y dándole demasiadas vueltas al asunto. Después, mientras te preparas para salir, empiezas a sentir ansiedad porque no quieres revivir esos sentimientos negativos. Entonces decides no ponerte la blusa nueva.

Este tipo de pensamiento anticipatorio crea un torbellino de ansiedad y temor y te impide vivir como realmente deseas. Te preocupas excesivamente por la opinión ajena porque quieres que vean que eres lo suficientemente bueno. Sin embargo, es posible aprender a controlar este exceso de pensamiento para que ya no te frene; te enseñaré cómo lograrlo en el paso 3, cuando construyamos juntos una caja de herramientas para la AAF, y en el paso 4, cuando aprendamos a establecer límites saludables.

Síntoma 3 de la AAF: miedo al juicio ajeno

El miedo al juicio ajeno nace de la preocupación excesiva por las opiniones de los demás. No queremos que nadie nos vea de manera negativa, y por eso dejamos que otras personas definan nuestro valor, aunque, como ya he explicado, nuestro verdadero valor está en otro lado. Nos volvemos dependientes de los demás y tomamos decisiones basadas en lo que creemos que quieren ver de nosotros.

Inevitablemente, habrá momentos en los que fallaremos y personas a las que no les caigamos bien. Debemos hacer las paces con eso, porque si no viviremos constantemente en una búsqueda de la validación externa.

El temor a ser juzgados se vincula con nuestro instinto de sobrevivir en sociedad. Para nuestros ancestros recibir una evaluación positiva en lugar de ser juzgados por nuestros defectos implicaba una mayor probabilidad de sobrevivir. Piénsalo: incluso hoy en día triunfar en el entorno laboral es lo que le da impulso a una carrera, mientras que un desempeño pobre podría llevar a un despido o a una degradación de la categoría.

No podemos vivir con la expectativa de que todos nos quieran y nos halaguen, o de triunfar en todo lo que emprendamos; tampoco podemos contorsionarnos intentando convertirnos en esa persona ideal. La vida no funciona así, y nuestro valor va más allá de eso. Aprendemos mucho más del fracaso, de caer y levantarnos, que de reprimir partes de nosotros mismos y no arriesgarnos para evitarlo. Fracasar es la forma que tenemos de descubrir nuestra resiliencia y nuestras verdaderas capacidades. Necesitamos aceptar lo que la vida nos trae en lugar de intentar aferrarnos a algo que no podemos controlar.

No sentirse lo suficientemente bueno

Imagina que formas parte de un huerto donde cada árbol es un manzano que produce hermosas flores seguidas de abundante y deliciosa fruta. Pero tú eres diferente. Tus flores son distintas, tus frutos son distintos y tu aspecto y tu aroma son diferentes, porque eres un naranjo.

Te preocupa tanto lo que los demás árboles pensarán de ti que ocultas tu naturaleza de naranjo y produces manzanas como los demás solo para encajar. Sin embargo, sientes que estás librando una batalla perdida porque, en esencia, eres un naranjo. Sabes que algo no cuadra.

Este miedo al fracaso te impulsa a esforzarte aún más, a producir las mejores manzanas del huerto (es decir, a demostrar tu alta funcionalidad) mientras ocultas tu auténtico ser de naranjo, simplemente porque no quieres ser juzgado por quien realmente eres. Pero eres un naranjo, no un manzano, y no puedes sostener esa fachada para siempre. No es tu estado natural de ser y, a la larga, te perjudicará.

Síntoma 4 de la AAF: la ansiedad anticipatoria

El término «ansiedad anticipatoria» es otra forma de describir el sentimiento de miedo y preocupación por las cosas malas que *podrían* suceder. Se puede experimentar en diversos contextos, pero suele enfocarse en lo impredecible o lo incontrolable. Cuando se tiene ansiedad anticipatoria es común pasar mucho tiempo imaginando los peores escenarios posibles. Esta obsesión con los posibles desenlaces negativos puede incrementar la frustración y la desesperanza.

Seguro que todos hemos sentido esa ansiedad anticipatoria alguna vez, ya sea antes de una entrevista de trabajo, una primera cita, un examen o un viaje importante. Sin embargo, si se convierte en una constante en nuestro día a día, puede ser incapacitante. La ansiedad anticipatoria es la preocupación y el temor hacia lo que está por venir; el miedo a que ocurra una desgracia o a que no seamos capaces de lograr lo que nos proponemos. Es la ansiedad que nos invade al prever una decisión, una acción o una situación difíciles.

La ansiedad anticipatoria puede dejarte exhausto mientras buscas formas de esquivar las experiencias que temes. Va mucho más allá de simples mariposas en el estómago o un ligero nerviosismo. Las personas que conviven con la AAF pueden experimentar una ansiedad extrema antes de ciertos eventos, lo que las sumerge en un estado de temor que dispara la adrenalina y nubla la claridad mental.

Es complicado funcionar en tal estado y, como hemos visto en la sección sobre el catastrofismo y preocuparse por lo que podría suceder, esto nos lleva a imaginar múltiples escenarios y a pensar diez pasos por delante. Sin embargo, el cuerpo no desea sentir ansiedad; su intención es protegernos de ella. Por eso nos impide hacer cosas que de otro modo habríamos hecho, simplemente por lo que *podría* ocurrir.

No sentirse lo suficientemente bueno

Imagina que tu pareja ha estado algo distante últimamente, pero cuando lo mencionas insiste en que no pasa nada. Sin embargo, no puedes evitar desconfiar y empezar a temer que desee terminar la relación. Poco después no puedes dejar de imaginar la conversación de ruptura que crees inminente. La sola idea de perder a tu pareja te angustia, y eso repercute en tu apetito y tu sueño. Sin embargo, al darte cuenta de que este es un caso en el que tu sensibilidad está agudizada, puedes interrumpir este patrón antes de que comience.

Síntoma 5 de la AAF: ser extremadamente responsable

Las personas responsables cuidan de los demás y son consideradas comprometidas, confiables y responsables. Sin embargo, es fácil excederse y caer en la responsabilidad excesiva. Ser extremadamente responsable implica complacer a los demás y relegar nuestras propias necesidades para priorizar las ajenas, buscando minimizar o eliminar conflictos, críticas, rechazos, decepciones y pérdidas.

También significa que nos cuesta confiar en los demás y preferimos asumir personalmente las responsabilidades. Las personas que son excesivamente responsables son aquellas que asumen una carga desmedida de responsabilidades, muchas veces por los demás. Tampoco quieren decepcionar a nadie por miedo al rechazo y pueden sentirse obligadas a resolver problemas, incluso si no son responsables de ellos. Así que se siguen exponiendo, diciendo «sí, puedo hacerlo», porque mientras puedan gestionar todas esas responsabilidades se sentirán «bien».

En el contexto de la AAF, ser extremadamente responsable surge de la necesidad de complacer o cuidar a los demás, un anhelo que muchas veces nace del profundo deseo de recibir amor y aprobación. Nos vemos atrapados en un ciclo en el que evitamos decir «no» para no decepcionar a nadie, aunque no sea nuestra responsabilidad.

También implica que las personas nos valorarán y apreciarán por lo que hacemos, y eso nutrirá nuestra necesidad de aprobación externa. Si logramos asumir todas las tareas y asegurarnos de que se hagan bien, creeremos que nos consideran lo suficientemente buenos por todo lo que logramos. Entonces entenderemos que, para experimentar esa sensación de nuevo, necesitamos superarnos constantemente. Esto se convierte en un patrón de comportamiento cíclico que alimenta nuestra necesidad de validación.

No sentirse lo suficientemente bueno

Imagina que estás en el trabajo y tu jefe te encarga una tarea. Aceptas, pero luego, en una reunión de equipo, te pide que hagas también otra cosa. Tu agenda ya está llena para ese día y, además, has quedado con amigos después de la oficina. Te cuesta decir «no» porque no quieres decepcionar a tu jefe ni recibir comentarios negativos del equipo.

Al mismo tiempo, no quieres cancelar la salida con tus amigos para que no piensen que no te importan, así que te presentas al encuentro con ellos sintiéndote abrumado, exhausto y desbordado. Luego te vas a casa e intentas trabajar un poco, y te despiertas temprano la mañana siguiente para intentar terminar la tarea. Nadie ve las horas que le estás dedicando y te sientes muy cansado y atrapado en esta rueda sin fin.

Este es el momento en que la sobrecarga de responsabilidades se desmorona, ya que no es sostenible a largo plazo. Es esencial aprender a reconocer nuestros límites y hacerlos respetar.

Síntoma 6 de la AAF: superación constante

Establecer metas y alcanzarlas es, para muchos, una parte de la vida, y puede resultar muy gratificante trabajar para obtener una recompensa o un logro. Sin embargo, para las personas con AAF lograr objetivos es simplemente una parte del mecanismo que han creado para satisfacer su necesidad de validación externa. No son capaces de tomarse el tiempo necesario para valorar lo que han hecho, ni pueden dejar de asumir desafíos cada vez mayores. Esto se debe a que el vacío interior nunca puede llenarse solo con logros.

La satisfacción que sienten al alcanzar sus objetivos es efímera, porque dependen de los elogios que reciben de otras personas para sentirse lo suficientemente buenos, en lugar de sentirse realizados u orgullosos de sí mismos. De esta forma se perpetúa un ciclo que se basa en una percepción errónea.

Si seguimos consiguiendo cosas, otros nos querrán y valorarán lo que hacemos, lo cual alimentará nuestra necesidad de aprobación. Si podemos controlar todo y asegurarnos de que se haga bien, sentiremos que somos «lo suficientemente buenos» por todo lo que conseguimos. Entonces aprendemos que para sentir esa validación de nuevo necesitamos superarnos constantemente.

No sentirse lo suficientemente bueno

Una de mis clientas, «Lucy», es consultora sénior en su empresa. Es una de las figuras más jóvenes en llegar a ese nivel y se la considera un ejemplo. Sin embargo, por dentro está llena de dudas e inquietudes y dedica muchísimas horas a organizar y preparar reuniones. Aunque da la impresión de ser tranquila, organizada y segura, nadie ve todo el esfuerzo adicional que hace en privado.

En el fondo Lucy siente que no tiene nada especial. Cree que no está a la altura de los demás consultores y dedica mucho tiempo a estudiar sobre liderazgo. Asume más trabajo del que puede administrar porque no se siente lo suficientemente buena y quiere demostrar a los demás que es competente y merece su puesto. Además, asiste a todos los eventos sociales relacionados con el trabajo, incluso cuando no tiene tiempo, porque quiere integrarse. La gente la percibe como una persona alegre y comunicativa, pero lo que no ven es que le cuesta mantener conversaciones y recurre al alcohol para ganar la energía y la confianza necesarias para afrontar el evento.

Lucy es una persona de alto rendimiento, pero su impulso proviene de no sentirse lo suficientemente buena. Esto la lleva a tener un comportamiento de superación constante, a asumir más trabajo de la cuenta para probar su valía ante los demás, sin importar cómo se sienta en realidad. Su lucha es consigo misma.

Síntoma 7 de la AAF: la necesidad de tener el control

Para algunas personas, la necesidad de tener el control de cada aspecto de su vida puede volverse abrumadora y extenuante. Quienes tienen AAF pueden enfrentarse a dificultades cuando las cosas no salen según lo planeado o cuando surgen cambios inesperados. Suelen ser extremadamente organizados, metódicos y autodisciplinados, y buscan consuelo en la previsibilidad y el orden.

La necesidad de tener el control nace de la falta de confianza en uno mismo. Podemos sentir la necesidad de controlar todo nuestro entorno para estar en paz, y quizá desconfiamos de que otros puedan manejar las situaciones de otra manera. Soltar un poco las riendas no es nada fácil. En momentos de incertidumbre nos sentimos más seguros si creemos tener el control, lo que muchas veces nos lleva a intentar dirigir los resultados, las circunstancias, las reacciones ajenas o incluso el entorno. Cuanto más incierta sea la situación, más nos aferramos a nuestros intentos de controlarla.

Por lo general caemos en este patrón porque intentamos eludir emociones difíciles. La ansiedad, por ejemplo, puede surgir cuando percibimos una falta de control en uno o varios aspectos de nuestra vida. Cuando esto ocurre nos esforzamos al máximo en aquello que *sí* podemos controlar y adoptamos comportamientos que nos ayuden a mantener esa concentración. Así es como nos las arreglamos en un mundo donde quizá no recibimos el apoyo que necesitamos. Estos comportamientos pueden ofrecernos un respiro o una vía de escape de las emociones difíciles, pero este alivio es solo temporal, porque tarde o temprano esos sentimientos difíciles regresan y sentimos la necesidad de repetir esas acciones. Romper con este ciclo puede ser complicado, pero con el apoyo adecuado es posible lograrlo.

No sentirse lo suficientemente bueno

Imagina que estás conduciendo un tren por una vía. Hay otras personas contigo y todas son capaces de colaborar en la tarea de conducción, pero sientes que debes ser tú quien lleve las riendas en todo momento. Desoyes cualquier ofrecimiento de ayuda que te permita descansar o llevar a cabo tareas asociadas con la conducción. En cambio, sigues adelante, a pesar de que estás cansado y en realidad no te importaría recibir algo de ayuda.

Sin embargo, ceder el control implica renunciar al dominio sobre tu situación y tu destino. ¿Qué pasa si los demás conducen demasiado rápido y el tren descarrila? ¿O si deciden tomar una ruta diferente hacia un destino desconocido sin consultarte? Lo cierto es que no parece seguro. Por eso, en vez de confiar en los que te rodean, sigues al mando, aunque te sientas solo y agotado, hasta que el tren finalmente se detenga. Es mejor así. Es mejor mantener el control.

Así que aquí los tienes: los siete síntomas de la AAF. ¿Te identificas con alguno de ellos? ¿Reconoces tu propio comportamiento en los ejemplos mencionados? Tal vez todos te resulten familiares. Al fin y al cabo, todos están interconectados: todos remiten al anhelo de sentir seguridad, algo que quizá no experimentamos en nuestra infancia. Aunque es normal sentirnos así de vez en cuando, no lo es que sea nuestro estado constante. Es entonces cuando se vuelve incapacitante y agotador.

El comportamiento dual de la AAF

Puede que estés pensando: «Todo esto suena bastante lógico, pero ¿cómo me lo aplico?». Bien, profundicemos. En esencia, las personas con AAF pueden tener dos lados: el «lado aprendido», que es la faceta que muestran al mundo, y el «lado sombra», que es la parte que mantienen oculta. El «lado aprendido» (el lado de alto rendimiento) les proporciona la validación que necesitan para sentirse seguros y con control de todo, pero es en el «lado sombra» donde residen todos sus temores, preocupaciones y ansiedades. Desde mi punto de vista, nuestra sombra siempre está presente, pero no la percibimos hasta que la luz del sol la revela. Esta tabla ilustra algunas de las maneras en que estos dos lados pueden manifestarse:

Lado aprendido (lo que mostramos)	Lado sombra (lo que ocultamos)
Organización	Preocupación en exceso
Sociabilidad	Perfeccionismo
Trabajar incansablemente	Sentir agotamiento de manera frecuente
Cumplir con todos los plazos	Temor al fracaso
Ser una persona sobresaliente	Preocuparse por defraudar a los demás
Proactividad	Procrastinar
Aparente tranquilidad	Dificultades para dormir
Superación constante	Sentirse insuficiente
Tener éxito	Temor
Apariencia de tener todo bajo control	Dificultad para poner límites o decir «no»
Servicial	Sufrir agotamiento
Empatía	Ser extremadamente responsable
Solucionar problemas	Soledad

El lado aprendido frente al lado sombra

Cuando inicié mi camino para entender mi experiencia con la AAF lo único que sabía era que no quería enfrentarme a mi lado sombra. Me avergonzaba sentir ansiedad, así que solo mostraba al mundo aquello que creía que amaría, apreciaría y valoraría. Por supuesto, todos lo hacemos en cierta medida, pero llega un punto en que la presión por parecer perfectos, por evitar el fracaso o el juicio ajeno o por decepcionar a otros se apodera de nosotros de tal manera que nos derrumbamos.

No podemos ocultar nuestro verdadero yo indefinidamente. Ignorar constantemente nuestros propios deseos y límites solo puede llevarnos a sentir fatiga y ansiedad y a tener siempre la sensación de que algo no va bien. Algunos comportamientos que quizá al principio eran positivos, como asumir responsabilidades, sobresalir o ser siempre la persona «tranquila», tarde o temprano nos pasan factura. Sin embargo, hay una forma mejor de vivir: una en la que estemos arraigados y podemos simplemente ser, sin que el miedo nos guíe por la vida.

En esta sección exploraremos siete de los comportamientos duales más comunes asociados con la AAF, observaremos cómo se manifiestan sus síntomas y veremos cómo podemos aprender a reconocerlos cuando ocurren. También ofrezco mi análisis de cada tipo de comportamiento propio de la AAF y explico cómo nos puede afectar. A modo de ejemplo, he incluido un caso de estudio de una clienta real, así que permíteme presentarte a «Sara».

CASO DE ESTUDIO

Sara ocupaba un cargo ejecutivo en un estudio de abogados y era reconocida por tener un buen desempeño en su trabajo. Sin embargo, cuando vino a verme dijo que estaba experimentando niveles de ansiedad tan extremos que afectaban su calidad de vida. Sufría rumiaciones que la hacían dudar de sí misma constantemente, y su necesidad de sobrepasar las expectativas a veces la dejaba exhausta.

En su trabajo Sara se presentaba como una líder y muchas veces tomaba la iniciativa en proyectos, pero en privado luchaba por mantener un equilibrio entre su vida laboral y personal. En casa se dedicaba a terminar tareas pendientes y no encontraba tiempo para lo que realmente deseaba hacer. Rara vez se tomaba vacaciones, y cuando lo hacía era únicamente porque había planificado un viaje con antelación.

Aunque por fuera Sara daba la impresión de ser una persona triunfadora y realizada, su ansiedad estaba interfiriendo tanto en su vida profesional como en la personal. Le costaba mucho establecer límites, controlar su sensación de culpa y sostener una relación amorosa. Además, me contó que su propia cabeza la hacía sentir agotada, porque no paraba de pensar en múltiples posibilidades en situaciones laborales.

Mientras lees sobre los distintos tipos de comportamiento dual (más abajo) y te planteas las preguntas para la autorreflexión al final de cada uno, haz una pausa para evaluar si pueden aplicarse a ti y a tus propios patrones de comportamiento. Si eres sincero contigo mismo, quizá te sorprenda lo que descubras sobre ti.

Tipo de comportamiento n.º 1 de la AAF

La persona excesivamente responsable frente a la que puede abarcarlo todo

Para el mundo exterior ser responsable de uno mismo, de nuestra vida y de los demás (o incluso de presupuestos, sistemas y equipos) es señal de que todo está en orden. Damos la impresión de ser personas tranquilas, que tenemos la situación bajo control y que somos capaces de encargarnos de múltiples tareas a la vez. Ser responsable es una muestra de empatía, la prueba de que nos importan las personas, las circunstancias y los detalles.

Sin embargo, para quienes lidian con la AAF es fácil excederse y asumir las tareas de otras personas, así como sus errores e incluso sus emociones. Ajustar nuestras necesidades a las de otros ha sido nuestro mecanismo de defensa en el pasado, tanto que quizá ya no somos conscientes de que lo hacemos. Sin embargo, cuando esto se convierte en una costumbre puede resultarnos complicado diferenciar entre lo que sentimos nosotros y lo que sienten los que nos rodean, y eso puede conducir a un agotamiento emocional y a una percepción difusa de quiénes somos. Eso es *sobrecargarse de responsabilidades*.

Al asumir tanta responsabilidad nos invade la culpa cuando algo no sale bien, incluso si es algo que no podemos controlar. Aunque nos colma de satisfacción poder lidiar con todo y solucionar cualquier imprevisto, sobrecargarnos puede desembocar en fatiga, estrés y agotamiento. Una persona excesivamente responsable puede sentirse agobiada y tener dificultades para desconectar y descansar.

CASO DE ESTUDIO

Sara me comentó que tenía una montaña de trabajo pendiente, pero cuando la desglosamos nos dimos cuenta de que gran parte de esas tareas en realidad eran encargos para terceros. Si alguien le pedía que asumiera una tarea adicional, se sentía culpable por decir «no», ya que le costaba establecer límites. Así, su escritorio y su agenda terminaban abarrotados con las responsabilidades de otras personas.

En una ocasión, ante la baja por enfermedad de un compañero y la preocupación del gerente por redistribuir las tareas, Sara decidió cargar con todo el trabajo adicional. Eso la llevó a desempeñar dos roles al mismo tiempo y, como consecuencia, a un profundo estado de agotamiento. Al hablar sobre esto confesó que se compadecía de su gerente y quería hacerle la vida más fácil. Sin embargo, lo hacía a costa de su propia salud.

Análisis

Cargar con las responsabilidades ajenas suele ser una señal de que estamos evitando un conflicto. En nuestro afán por mantener la paz, preferimos asumir más carga de la que nos corresponde antes que arriesgarnos a tener un enfrentamiento o una conversación difícil que podría desencadenar enfado o rechazo. Este patrón de comportamiento, que a menudo se origina en nuestra niñez, se traslada a la adultez y a nuestras relaciones adultas, ya sean románticas, laborales o de amistad.

Patrón de comportamiento

Romper con la costumbre de ser excesivamente responsable es difícil, ya que se ve reforzada tanto por quienes se apoyan en ti como por tu propia necesidad de sentirte eficaz y eludir conflictos. Sin embargo, cuanto más grande es la responsabilidad que asumes, mayor es el agotamiento que percibes cuando intentas mantener todo bajo control, y luego te sientes culpable si algo sale mal. Esta dinámica no es sostenible y es perjudicial para ti.

Preguntas para la autorreflexión

- *¿Sueles hacerte cargo de las tareas de los demás?*
- *Si una persona a la que quieres está de mal humor, ¿das por hecho que es por algo que tú hiciste?*
- *¿Te responsabilizas de los errores o las emociones de otras personas?*

Tipo de comportamiento n.º 2 de la AAF

La persona controladora frente a la que sobresale

Como ya hemos mencionado, muchas veces las personas con AAF buscan superarse constantemente. Es común que ocupen puestos de gran poder o influencia o que tengan un alto grado de responsabilidad en sus organizaciones. Por lo general gozan de gran estima por parte de compañeros de trabajo, jefes y subordinados debido a su excelente desempeño y a su aparente habilidad para triunfar en todo lo que emprenden. Sin embargo, en su interior buscan controlar uno, varios o todos los aspectos de su vida.

Si bien tener control sobre nuestra vida puede ser algo positivo, para algunas personas el deseo de controlarlo, todo puede resultar abrumador y agotador. También es importante reconocer que esta necesidad de tener el control se manifiesta de distintas maneras en cada individuo. Una persona con AAF puede tener dificultades para adaptarse cuando las cosas no salen como espera, mientras que otra puede tener problemas para expresar sus verdaderas emociones a otras personas.

CASO DE ESTUDIO

Sara dijo que se sentía exhausta ante la avalancha de posibles escenarios laborales que su mente no dejaba de repasar. Una vez su jefe le pidió que concertara una reunión sin especificarle el motivo. Instantáneamente Sara se angustió porque empezó a imaginarse que podría despedirla.

Ella me dijo que si hubiera sabido el propósito de la reunión, se habría sentido más segura, ya que habría podido prepararse adecuadamente. La incertidumbre, en cambio, le causó una sensación de desasosiego y ansiedad, ya que se preguntaba si sería capaz de sacar adelante la reunión con éxito. Se sintió desbordada y la preocupación por las posibles opiniones ajenas incrementó su temor.

Análisis

El deseo de tener el control suele nacer del temor a lo incierto; también puede surgir de sentir que la vida se nos escapa de las manos. Una manera de afrontar este sentimiento es intentando controlar otros aspectos. Si bien la incertidumbre forma parte de la vida, a algunas personas les cuesta más lidiar con ella, y eso las lleva a una intensa necesidad de controlar todo lo que las rodea.

La incertidumbre también abre la puerta a más preocupaciones y rumiaciones. Por eso, quienes conviven con la AAF pueden buscar calmar su inquietud intentando controlar tantos desenlaces como sea posible para mitigar sus temores. Como se sienten incapaces de controlar el mundo y sus propias circunstancias, intentan gobernar su ser y todo aquello que esté a su alcance.

Patrón de comportamiento
La necesidad de tener el control puede derivar de la desconfianza en que otros sean capaces de completar las tareas. Muchas veces esto nos lleva a asumir la responsabilidad personalmente y acabar haciéndolo todo. Por supuesto, dado que lo hacemos tan bien, esto refuerza nuestra imagen de «personas sobresalientes». Cuanto más controlamos, más cosas logramos, y eso da lugar a un ciclo sin fin (y muchas veces agotador) de lograr más cosas porque controlamos más.

Preguntas para la autorreflexión
- *¿Sientes que das todo de ti en todo lo que haces?*
- *¿Confías en que los demás completen las tareas que se les asignan?*
- *¿Piensas que es mejor hacer las cosas por tu cuenta?*

Tipo de comportamiento n.° 3 de la AAF

La persona perfeccionista frente a la trabajadora incansable
Hay una idea generalizada de que ser perfeccionista es sinónimo de preocuparse continuamente por las personas y las cosas, de tener el control y ser capaz de asumir responsabilidades. A ojos de los demás, un perfeccionista es diligente y metódico, alguien que rara vez comete errores y que tiene un ojo clínico para los detalles. Se confía en el perfeccionista para hacer bien las cosas, ya que se le considera un trabajador tenaz con estándares elevados.

Cuando este anhelo de perfección es saludable puede ser un gran estímulo y empujar a la gente a alcanzar el éxito. Sin embargo, cuando el perfeccionismo se vuelve nocivo se convierte en una vía directa hacia una ansiedad persistente. El perfeccionista con AAF impone metas desmesuradamente altas para sí mismo y para los demás, lo que desemboca en sentimientos de ansiedad, insatisfacción y resentimiento si esas expectativas no se alcanzan. Esto también los lleva a ser rápidos señalando sus propios defectos y excesivamente críticos con sus errores. Les cuesta aceptar elogios o celebrar sus logros.

CASO DE ESTUDIO

En la primera sesión con Sara le pregunté qué esperaba de la terapia:

—Necesito que me arreglen —confesó.

—¿Por qué crees que estás rota? —pregunté.

—Porque siento que no hago las cosas bien y que no estoy cumpliendo mis objetivos —respondió.

A pesar de ello, sus compañeros de trabajo la reconocían como una profesional destacada y había sido galardonada por su labor. Al explorar más a fondo sus palabras se hizo evidente que sus estándares personales eran extremadamente altos y que se castigaba mentalmente si no los cumplía. A Sara le costaba mucho sentir autocompasión, y eso le dejaba el campo libre a su crítica interna para reprocharle su falta de «perfección» en diversas circunstancias.

Análisis

Detrás de la impecable fachada de un perfeccionista suele esconderse alguien que siempre intenta complacer a todo el mundo. Si bien el perfeccionismo suele ser el resultado de intentar alcanzar un ideal interno, también puede estar motivado por el miedo a cómo nos perciben los demás. Otra posible causa es el profundo miedo al fracaso, que conduce a un deseo casi obsesivo de controlar cada aspecto de la vida. La búsqueda constante de la perfección es otro mecanismo de defensa ante la incertidumbre.

Patrón de comportamiento

La imposible tarea de intentar complacer a todo el mundo y a la vez cumplir con sus propios estándares extremadamente altos deja al perfeccionista con AAF completamente agotado tanto física como emocionalmente. Esto puede repercutir en sus relaciones e incluso conducir al agotamiento. Los perfeccionistas o bien postergan las tareas para evitar el fracaso, o bien se resisten a hacer descansos porque están extremadamente enfocados en llevar a cabo un trabajo meticuloso y hacerlo bien. Como consecuencia, siempre hay algo más que hacer o mejorar, lo que los lleva a retomar su incesante camino.

Preguntas para la autorreflexión

- *¿Te cuesta aceptar las críticas de los demás?*
- *¿Te cuesta tomarte un descanso del trabajo?*
- *¿Tienes altos estándares tanto para ti como para los demás?*

Tipo de comportamiento n.° 4 de la AAF

La persona que se preocupa excesivamente frente a la persona imperturbable

Es normal que una cierta dosis de preocupación, duda y ansiedad forme parte de la vida cotidiana. Preocuparse por una factura pendiente, una entrevista de trabajo en el horizonte o un primer encuentro con alguien es algo natural, una muestra de que no somos robots sin sentimientos, sino seres humanos. Quienes convivimos con la AAF podemos proyectar una imagen de confianza y serenidad, así que una ligera preocupación por nuestra parte suele interpretarse como una señal de empatía, compasión y diligencia, porque siempre parece que mantenemos la calma y la serenidad.

Sin embargo, aunque demos esa impresión, por dentro estamos analizando cada detalle. Vivimos constantemente con una preocupación de fondo que nos acompaña en cada conversación, decisión y acción. Esta preocupación incesante desemboca en estrés, pánico y ansiedad, pero nadie se da cuenta de esto porque por fuera parece que estemos en calma. Eso nos hace sentir solos y temerosos de que nuestro verdadero yo no sea aceptado, lo que a su vez nos provoca vergüenza y la necesidad de ocultarnos.

CASO DE ESTUDIO

Durante una de nuestras sesiones Sara confesó:

—Siento que mi mente nunca se apaga, pero eso es algo que los demás no pueden ver.

Sin embargo, ella no quería que nadie supiera lo que pensaba porque le daba vergüenza, ya que creía que había algo malo en ella. Cuando le pregunté qué era lo que creía que iba mal, respondió:

—No le voy a caer bien a nadie. Soy muy aburrida. La gente no me verá como una persona divertida.

Esta creencia oculta la llevaba a analizar una y otra vez las situaciones por el miedo al rechazo. Por ejemplo, una vez quedó para tomar un café con una amiga que se retrasó y, en vez de simplemente esperarla, Sara se consumió en la preocupación de que su amiga no aparecería y en lo que pensarían los otros clientes al verla sola en la cafetería.

Análisis

La tendencia a preocuparse en exceso puede entenderse como la sensación de que algo, alguien o alguna circunstancia es mucho más grave de lo que realmente es. El miedo es la causa principal de esta preocupación, y esto se debe a que nuestro cerebro está constantemente formulando preguntas del tipo «¿y si…?»: «¿Y si fallo? ¿Y si esto no funciona? ¿Y si me equivoco? ¿Y si no les gusta? ¿Y si se enfadan conmigo?». Dado que el cerebro asocia la incertidumbre con el peligro, algo tan simple como un error tipográfico en un correo electrónico laboral rápidamente se magnifica hasta el punto de imaginar que nos despiden.

Patrón de comportamiento

Con cada pregunta de «¿y si…?», el cerebro se adentra en un laberinto de escenarios y posibilidades y, sin darnos cuenta, la ansiedad se apodera de nosotros por completo. Esto puede ser agotador, especialmente cuando se vuelve difícil gobernar estos pensamientos. Peor aún: luego se convierte en un proceso automático dentro del cerebro, porque nos acostumbramos tanto a hacerlo que recurrimos por defecto a este comportamiento, lo que perpetúa el patrón.

Preguntas para la autorreflexión

- *¿Has notado que piensas demasiado en las situaciones?*
- *¿Tienes pensamientos del tipo «¿y si…?» que te sobrepasan?*
- *¿Los demás te ven como una persona tranquila?*

Tipo de comportamiento n.º 5 de la AAF

La persona temerosa frente a la persona exitosa

Todos sentimos miedo al fracaso en algún momento. En su expresión saludable este temor nos impulsa a esforzarnos y a trabajar duro, lo que a su vez significa que logramos más cosas y nos volvemos exitosos. Por este motivo quienes sufren AAF suelen convertirse en grandes triunfadores y son percibidos como personas muy exitosas que gozan de amplio respeto.

Sin embargo, cuando el miedo al fracaso se vuelve nocivo nos frena y nos impide avanzar. Por el temor a intentarlo y no tener éxito decidimos no intentarlo en absoluto. De esta manera evitamos sentir cualquier tipo de dolor, vergüenza o decepción. Sin embargo, también nos privamos de perseguir nuestros sueños y de alcanzar nuestro máximo potencial.

CASO DE ESTUDIO

Sara me confesó que llevaba un registro mental de todas las veces que ella creía que había fracasado, aquellas situaciones por las que nunca se había perdonado. Cuando empezó la terapia, también asumía la culpa por las cosas que no salían como esperaba. En una ocasión tuvo una cita que creyó que había ido bien, pero a los pocos días la otra persona dejó de hablarle. «No dejaba de pensar en qué había hecho mal», me dijo. Seguía pensando en lo que podría haber hecho de manera distinta para evitar ese fracaso que sentía, lo que la llenaba de frustración y enfado hacia sí misma.

Análisis

El miedo al fracaso puede originarse por diversas razones, desde tener un padre exigente o crecer en un hogar disfuncional hasta sufrir acoso o un evento traumático. Si alguna vez has fracasado en algo y te has sentido humillado o afectado, es posible que esas emociones hayan dejado una huella que perdura más allá del momento específico. Sin embargo, es importante entender que estos sentimientos se relacionan más con tu *interpretación* del fracaso y lo que este representa para ti que con el hecho de fracasar en sí. Por lo tanto, en general el fracaso se manifiesta como un sentimiento antes de materializarse en una experiencia concreta.

Patrón de comportamiento

Cuando fracasamos nos enfrentamos a un abanico de emociones desagradables. La vergüenza, la ansiedad, la ira, la tristeza y la culpa forman parte de la experiencia y, por lo tanto, solemos hacer lo posible para evitar sentirnos así. Quizá terminamos persiguiendo el éxito sin descanso hasta quedar exhaustos, o bien tratamos de evitar buscar cualquier tipo de éxito. En el primer caso, alcanzar el éxito podría intensificar nuestro miedo a fracasar. En el segundo, podría intensificar nuestro miedo a intentarlo.

Preguntas para la autorreflexión

- *¿Te preocupa la idea de fracasar?*
- *¿Te preocupa la opinión que los demás tienen de ti?*
- *¿Te resulta difícil sentir orgullo por tus logros?*

Tipo de comportamiento n.° 6 de la AAF

La persona que decepciona a los demás frente a la que sabe poner límites sanos

Ser considerado y atento cuando alguien te pide apoyo, especialmente si se trata de un ser querido, es algo positivo. Acceder a ayudar o ir más allá de lo que se espera para no defraudar a los demás, aun cuando implique un gran esfuerzo, hace que los demás te vean como una persona atenta. Ya hemos mencionado que la validación externa es un factor clave para quienes padecen AAF, porque forma parte de lo que nos hace sentir que somos lo suficientemente buenos. Sin embargo, una vez más, es importante reconocer que este sentimiento es externo y que a veces lo buscamos a expensas de lo que realmente deseamos.

El miedo a defraudar puede derivar en un comportamiento excesivamente complaciente con los demás: la incapacidad de decir «no» y la ausencia de límites. Esto puede llevarnos a sentirnos estresados, exhaustos y sobrecargados, ya que anteponemos las necesidades ajenas a las propias. También puede generar resentimiento hacia los demás y una erosión progresiva de nuestros límites personales.

CASO DE ESTUDIO

A Sara le costaba mucho establecer límites, y eso le generaba ansiedad. En la época en que hizo terapia conmigo me contó que vivía con su hermana, quien solía entrar a su habitación y empezar a hablar, incluso cuando Sara necesitaba concentrarse en su trabajo. Cuando le pregunté por qué no le decía a su hermana que estaba ocupada, me respondió: «No quiero decepcionarla ni hacerla sentir mal».

En consecuencia, Sara se sobrecargaba de tareas y muchas veces terminaba trabajando hasta altas horas de la noche para cumplir con sus obligaciones. Ella asumía la responsabilidad de los sentimientos de su hermana y permitía que traspasara los límites con tal de contentarla. Cuando exploramos esta dinámica juntas, Sara se percató de que dejaba que muchas personas la trataran de la misma forma y que siempre procuraba mostrarse «disponible» por temor a decepcionar a los demás.

Análisis

La decepción es una emoción compleja que a menudo resulta difícil de manejar. Engloba una serie de sentimientos incómodos como la pérdida, el duelo, la vergüenza, la humillación, la ira, la frustración y el miedo. Nuestra preocupación por decepcionar a los demás en realidad esconde el temor a no ser aceptados y, en última instancia, a que nos rechacen por lo que realmente somos.

Así, para ganarnos la aceptación ajena, nos esforzamos constantemente por complacer y nos cuesta mucho decir que no, lo que puede desdibujar nuestros límites personales. Los límites definen qué somos y qué no y nos ayudan a establecer qué y quién forma parte de nuestra vida y qué dejamos fuera. Ceder ante los demás y permitir que vulneren nuestros límites solo para no decepcionarlos es, en esencia, negar nuestra autenticidad. (Profundizaremos más sobre los límites en el paso 4.)

Patrón de comportamiento

Cuando dejamos que el miedo a decepcionar a los demás gobierne nuestra forma de comportarnos es como si nos golpeáramos la cabeza contra la pared, ya que, aunque nos esforcemos, no podemos controlar lo que los demás piensan de nosotros. La decepción es sumamente personal. Cada persona reacciona de manera diferente ante las situaciones, y algo que para ti es importante puede no serlo para otra persona, lo que hace que sea aún más difícil de procesar. Nos quedamos atrapados en un patrón fútil en el que intentamos complacer a los demás, cuando en realidad no podemos controlar ni el resultado ni su reacción ante él.

Preguntas para la autorreflexión

- *¿Te preocupa causar molestias a otras personas?*
- *¿Te cuesta negarte a lo que te piden los demás?*
- *¿Te inquieta la idea de defraudar a alguien?*

Tipo de comportamiento n.º 7 de la AAF

La persona que se supera constantemente frente a la que lo tiene todo

Cuando nos esforzamos constantemente por alcanzar nuestras metas es posible que los demás nos vean como una fuente de inspiración, o como alguien que «lo tiene todo». No me malinterpretes: esforzarse por cumplir tus ambiciones es una parte maravillosa y enriquecedora del camino de la vida, así como una excelente oportunidad para aprender. Sin embargo, la cuestión es si las metas que persigues son cosas que realmente deseas o si buscan satisfacer una necesidad de validación y reconocimiento por parte de los demás, para demostrarles que eres lo suficientemente bueno.

Con la AAF esta necesidad de aprobación externa hace que nada de lo que logres sea suficiente, porque la satisfacción que buscas proviene del exterior, no de tu interior; de los elogios ajenos, no del orgullo por alcanzar una meta que genuinamente deseas. Esto puede derivar en un patrón de asumir cada vez más responsabilidades, hasta llegar al agotamiento total. No es algo que se pueda mantener a largo plazo.

CASO DE ESTUDIO

Sara había sido reconocida como la empleada del año y había recibido otros galardones y distinciones en su trabajo. A pesar de ello, se esforzaba sin cesar por mejorar en lo que hacía, por ser percibida como la persona que siempre tiene la solución, sin importar las horas extra que ello implicara.

Aunque esto le granjeó numerosos elogios y validación en su entorno laboral, su vida personal se vio afectada. Se dedicó tanto a su trabajo que no le quedaba tiempo para sí misma ni para las relaciones con otras personas, ya fuesen de amistad, familiares o románticas. Su ansiedad era abrumadora, pero no podía dejar de aceptar más y más tareas.

Análisis

No tiene nada de malo trabajar duro para hacer realidad tus sueños. Sin embargo, cuando este trabajo domina tu vida hasta el punto de no dejar espacio para otra cosa, o para reflexionar sobre si realmente es lo que quieres hacer, se convierte en un problema. Es como una serpiente persiguiendo su propia cola; un ciclo que se repite sin cesar, una búsqueda constante de aprobación y logros que nunca parecen suficientes. Sara estaba tan absorta en demostrar a los demás que era lo suficientemente buena que se olvidó de cuidarse a sí misma, y eso la llevó hacia el agotamiento total.

Patrón de comportamiento

La búsqueda de validación externa es similar a buscar la euforia efímera en una droga. Si bien al principio es gratificante, su efecto es pasajero y nos impulsa a consumir más y más para recrear esa sensación. A Sara le complacía escuchar que era lo suficientemente buena, porque eso satisfacía su necesidad de aprobación externa, y por ese motivo se exigía cada vez más para intentar ser la mejor en lo que hacía, a costa de su vida personal y su bienestar emocional.

Preguntas para la autorreflexión

- *¿Te esfuerzas constantemente por ir más allá, incluso cuando ya no tienes la energía para hacerlo?*
- *¿Aceptas tareas a pesar de no querer hacerlas?*
- *¿Alguna vez te sientes exhausto o al borde del agotamiento?*

Hagamos un balance

Tómate un momento para reflexionar. ¿Te identificas con alguno de estos comportamientos duales? ¿Reconoces patrones en ti que antes no habías percibido? Recuerdo la primera vez que empecé a comprender mis propios patrones. Fue un momento de revelación para mí. Aunque en ese momento no me sirvió para controlar mis emociones, ni tampoco justificó mi comportamiento, sí me dio respuestas. Dejé de culparme a mí misma y de cuestionarme qué había de malo en mí. Ese fue el principio del cambio en mi vida.

RESUMEN DEL PASO 1

Repasemos todo lo que hemos abordado en el paso 1. Hemos descubierto qué es la AAF y que se manifiesta de distintas formas según cada persona, además de conocer algunas de sus causas. Hemos analizado los siete síntomas psicológicos principales de la AAF y hemos hablado sobre sus aspectos de comportamiento duales. El objetivo del paso 1 es abrirte los ojos a las diferentes formas en que puede presentarse la AAF y ayudarte a reflexionar sobre si te sientes identificado con ella. Recuerda que es completamente normal experimentar estos sentimientos de vez en cuando. Lo que no es normal es que dominen tu vida y afecten tu bienestar.

Darte cuenta de que puedes estar experimentando AAF es solo el principio. El siguiente paso es conectar la versión de ti que muestras al mundo con ese yo auténtico y maravilloso que está esperando ser descubierto en tu interior; allí es donde encontrarás una comprensión más profunda de quién eres y todas las respuestas que buscas. Requerirá esfuerzo, pero si has llegado hasta aquí quiere decir que ya has comenzado el camino. Te felicito por seguir en el proceso. Ahora adentrémonos en el paso 2.

PASO 2

Descifra tus patrones, descubre tus creencias y enfréntate a tu sombra

Ahora que sabes más sobre la AAF y los síntomas y patrones de comportamiento que se asocian a ella y has reflexionado sobre cómo se manifiestan en tu vida, es hora de profundizar un poco más. En este paso exploraremos el subconsciente para comprender mejor nuestros patrones y las razones que hay detrás de nuestra forma de vivir. También examinaremos cómo pueden repercutir nuestras experiencias del pasado en cómo nos sentimos en el presente y por qué podríamos tener la sensación de no ser lo suficientemente buenos.

Como un arqueólogo que excava en las capas del pasado, indagaremos en las capas de tu vida para descubrir los orígenes de tu AAF. Esto te proporcionará la perspectiva necesaria para avanzar en el camino que se alinea con tu verdadero yo.

Volver al pasado para poder avanzar

Este libro es una invitación a abandonar viejas formas de pensar y patrones mentales arraigados y sustituirlos por nuevas actitudes y perspectivas y la habilidad de contemplar la vida desde otro ángulo.

Al volver al pasado para entender cómo se ha desarrollado la AAF redescubriremos facetas de nosotros que aún no han sido asimiladas en nuestra conciencia activa, ya sea porque las ignorábamos o porque no sabíamos de su existencia. Es como si fuéramos un puzle pero solo tuviésemos las piezas y nos faltara la caja con la imagen para guiarnos. La única forma de visualizar esa imagen completa es adquirir conocimiento. Hasta entonces es posible que nos sintamos incompletos o como si nos faltase algo. Puede que esa sensación nos haya llevado a una búsqueda frenética de algo que llene ese vacío, incluso a costa de perdernos a nosotros mismos en el intento. Hemos buscado la satisfacción efímera de sentir que somos «suficiente» haciendo lo que suponemos que los demás esperan de nosotros, sin poder decir «no» o angustiándonos por sus opiniones. Este patrón de comportamiento es lo que nos impide ocupar nuestro lugar y seguir el camino que realmente deseamos para nosotros y no hacerlo por otras personas.

Nos mantenemos ocupados con actividades para no tener que enfrentarnos con nuestros pensamientos; recurrimos a las drogas, el sexo, el alcohol, el exceso de trabajo o incluso simplemente a mirar el móvil para evadirnos. Como nos cuesta estar en nuestra propia mente, buscamos en el mundo físico las maneras de mantenernos desconectados. Ignoramos las partes de nosotros mismos que no aceptamos porque no sabemos de qué otra forma lidiar con ellas o ni siquiera nos damos cuenta de que nos está costando hacerlo.

A veces nos quedamos en una relación solo para no sentirnos solos o socializamos con amigos con los que no sentimos una conexión porque tener algo que hacer, sea satisfactorio o no, es mejor que no hacer nada. O tal vez nos generamos el hábito de comer por razones emocionales como una forma de regular nuestros sentimientos. Nos aseguramos de no tener tiempo para reflexionar sobre nosotros mismos, aunque sabemos que no encajamos o que no estamos conectando de la manera que nos gustaría hacerlo. En lugar de eso, seguimos adelante con este estilo de vida para no tener tiempo de sentir el dolor o el vacío que llevamos dentro, en lo más profundo del corazón.

No puedes huir de ti mismo

Imagina que esto es como tomar analgésicos: si bien pueden aliviar temporalmente el dolor, no solucionan la causa subyacente. Si ignoramos esa causa y seguimos consumiendo más analgésicos, con el tiempo desarrollaremos tolerancia y necesitaremos dosis mayores para obtener el mismo efecto. Con la AAF seguimos buscando distracciones en lugar de hacer una introspección. Sin embargo, estas distracciones son como los analgésicos: no resuelven la causa principal de la AAF.

Esta forma de actuar no es sostenible. Independientemente de lo que hagamos, esos sentimientos persistirán. Si has orientado tu vida hacia los logros externos y la búsqueda de validación ajena, probablemente hayas relegado a un segundo plano el mundo interno de los sentimientos, donde reside la verdadera intimidad, la conexión y la satisfacción en las relaciones. Los aspectos de tu vida que deberían darte seguridad en realidad te generan una sensación de amenaza y proyectas en tu entorno el temor interno que tienes a avanzar.

Pero no puedes seguir huyendo de ti mismo. Si durante la infancia aprendiste que ciertos comportamientos o acciones te llevaban a recibir elogios, es probable que hayas mantenido esos comportamientos. Recibir elogios nos reconforta, puesto que lo asociamos con ser reconocidos y validados y, en última instancia, con ser amados.

Como adultos hemos integrado ciertos patrones en nuestra vida cotidiana, porque hemos aprendido que ser una persona exitosa nos llevará a recibir elogios y a que los demás estén contentos. Creemos que la felicidad de los demás significa que somos suficientes. Sin embargo, la otra cara de la moneda es que, si molestamos a alguien, lo interpretamos como un rechazo y, en consecuencia, como una señal de nuestra insuficiencia.

Recuerdo que cuando era pequeña mis padres me apuntaron a clases de refuerzo fuera de la escuela. Para ellos mi educación era muy importante, ya que no habían tenido la oportunidad de centrarse en la suya. Querían lo mejor para mí, así que me esforcé al máximo en mis estudios. Quería hacerlos felices, pues, si no obtenía buenos resultados, ellos no lo habrían aceptado y habrían buscado otras formas de apoyarme.

Me convertí en una estudiante sobresaliente, y también era consciente de que eso me valdría el reconocimiento de mis profesores. Esa se convirtió en mi forma de ser, y me aseguraba de seguir todas las reglas para hacerlo lo mejor que podía, basándome en lo que mis maestros y mis padres esperaban de mí. Ahora, al verlo en retrospectiva, me doy cuenta de lo fácil que es caer en un patrón así.

Estos patrones de comportamiento, que se originan en nuestras experiencias previas, nos impulsan constantemente hacia delante. Sin duda me llevaban de un objetivo a otro, sin pausa para plantearme lo que yo realmente quería. Jamás había pensado que tenía la opción de elegir mi propio camino.

Cómo integrar los dos lados

La única forma de poder dejar atrás esta forma de ser es ver más allá de la superficie y enfrentarse al dolor y la oscuridad. Claro que da miedo, y muchas veces lo evitamos porque nos parece más abrumador de lo que realmente es y también porque implica soltar todo lo que nos aporta una sensación de control. Deshacernos de estos viejos patrones de comportamiento nos puede hacer sentir como si de repente nos dijeran que el cielo es verde y no azul.

Es importante tener en cuenta que a veces ni siquiera somos conscientes de que estamos atrapados en estos patrones. Solo cuando ocurre algo que hace que las viejas reglas nos dejen de servir nos damos cuenta de que algo no va bien y nos vemos forzados a buscar algo distinto. En ese momento podemos profundizar hasta la raíz del problema en lugar de solo tratar los síntomas.

*El cambio puede ser intimidante, pero no tanto como
para quedarse en un lugar donde no eres feliz y vives
con miedo.*

En este paso te ayudaré a redescubrir las partes de ti con las que
no has estado en contacto; los aspectos de tu ser que has negado o
mantenido ocultos por miedo y vergüenza. No digo que lo hayas
hecho de manera consciente; probablemente nunca te diste cuenta
de que esto estaba sucediendo. Esconder estos sentimientos se ha
convertido en una estrategia de afrontamiento, hasta el punto de ser
completamente involuntaria.

Es hora de correr el telón y observar todas tus emociones y todos
tus rasgos, incluyendo aquellos que quizá no te gusten tanto, como
la envidia, los celos, la codicia o esa parte de ti que es temerosa, de-
pendiente o competitiva. Este es nuestro «lado sombra», al que nos
referimos en el paso 1. Aunque estamos vinculados con esta parte de
nosotros, suele permanecer oculta. Es común sentir vergüenza por
nuestro lado sombra, ya que es la parte que tememos que los demás
rechacen si sale a la luz.

En el pasado tal vez carecías de las herramientas adecuadas para
manejar estas emociones, y por eso decidías ocultarlas. Ahora, sin
embargo, tienes la oportunidad de aprender a ser responsable y tomar decisiones que den sentido a estas emociones. Aceptar estas facetas de tu ser implica ampliar el concepto que tienes de ti mismo
actualmente para abarcar más de lo que realmente hay dentro de ti y
poder verte de manera integral.

*Es el momento de reconectar con lo que hay dentro de
ti, de completarte con las partes «buenas», así como con
las «malas», para alcanzar una mayor autenticidad
y plenitud.*

Para integrar esos dos lados de ti (tu lado aprendido y tu lado
sombra) es necesario que te enfrentes a la sombra y aprendas a

regular tus emociones. Este proceso es parte de tu autodescubrimiento, el camino hacia la autoconciencia, y requiere adentrarse hasta lo más profundo de la cuestión. Conectar estos dos lados de ti implica abrirte y entender tu mundo interior. Significa cambiar la perspectiva de lo externo a lo interno, de modo que ya no dependas del mundo exterior para sentirte lo suficientemente bueno; más bien te sientes lo suficientemente bueno y te conectas a través de tu mundo interior. El impacto de este cambio en tu percepción es tremendamente poderoso.

Miremos hacia dentro

Entonces, ¿cómo cambias de un enfoque externo a uno interno? Ten en cuenta que nuestra parte externa, la que mostramos al mundo, está gobernada por las reglas de vida o creencias que hemos creado, basadas en nuestras experiencias previas. Aunque esas reglas/creencias están diseñadas para hacernos sentir seguros, se basan en el miedo al rechazo y, por lo tanto, nos limitan; nos coartamos al intentar gobernar nuestra vida desde nuestras creencias ocultas.

Si crees que no eres lo suficientemente bueno, es como si llevaras puestas unas gafas con cristales azules que solo te permiten ver el mundo desde ese punto de vista. Serás sensible a los sentimientos y a las reacciones de los demás, pero no querrás ser una carga o que te rechacen de alguna manera, y también podrías tener dificultades para ocupar tu lugar en las situaciones.

Imagina que estás en casa de unos amigos para tomar el té y mencionan que tienen mucho que hacer esa noche. Quizá solo quieren compartir sus planes contigo, pero tú podrías interpretarlo como una indirecta para que te vayas. ¿Por qué? El temor a ser una molestia o a ocupar demasiado espacio hace que, a través de tus gafas azules, lo percibas como un posible rechazo. Esa interpretación te lleva a creer que debes marcharte de la casa de tus amigos, aunque no te lo hayan pedido explícitamente. Esta forma de percibir las situaciones influye en la manera en que te presentas en la vida y afecta todas tus interacciones. ¿Puedes ver cómo estas reglas que creamos pueden tener un impacto en cómo somos y qué hacemos en el mundo exterior?

Recuerdo una situación cuando estaba excesivamente preocupada por el tiempo de los demás. Durante una jornada de formación quería plantearle una duda a la profesora, pero me contuve porque no quería ser una molestia. A pesar de que ella había ofrecido un espacio para hacer preguntas, decidí no decir nada debido a la limitada perspectiva que me había impuesto en ese momento. Más tarde, al hablarlo con mi terapeuta, exploramos más a fondo el sentimiento de culpa que me atormentaba por las historias que me había contado a mí misma. Me di cuenta de que el miedo a ser una molestia para los demás nacía de mi propia visión restringida, que lo interpretaba como un rechazo, y yo me lo creía.

No sabía cómo hacer frente al rechazo e intentaba por todos los medios prevenirlo. En ese proceso me perdí a mí misma y me invadieron las dudas y los cuestionamientos. Fui muy severa conmigo misma y no busqué ayuda cuando la necesitaba. Este sentimiento interno de «no ser lo suficientemente buena» se manifestaba hacia el exterior y alteraba la forma en que me desenvolvía en el mundo y mi manera de transitar la vida. Lo que no comprendía era que esta batalla interna era conmigo misma. Tampoco sabía que existían herramientas para superarla.

Una nueva forma de ser

Cuando reunimos el coraje necesario para indagar en nuestro interior tomamos mayor conciencia de la batalla que libramos con nosotros mismos. Al principio puede ser abrumador, porque todo lo que creías saber sobre ti está cambiando. Estás uniendo todas las facetas de tu ser para contemplar un panorama más amplio y este proceso está repleto de emociones contradictorias.

Sin embargo, solo al descubrir la raíz de nuestros problemas podemos empezar a deshacernos de las consecuencias de nuestras viejas creencias y vivir verdaderamente una existencia libre. Cada conse-cuencia tiene su origen, su raíz, y es esencial identificar y abordar esa raíz en lugar de simplemente tratar de corregir la consecuencia.

Imagina un manzano con hojas mustias que no está produciendo apenas flores o frutos. Podrías regarlo más y puede que se revitaliza-se temporalmente; quizá las hojas se reverdezcan y las flores se abran. No obstante, si no resuelves el problema *real* del árbol, estarás apli-cando solo una solución temporal. Es necesario examinar el suelo para descubrir qué nutrientes les faltan a las raíces del árbol. Si solo nos concentramos en revivir las hojas, estaremos abordando única-mente el aspecto más superficial. A veces debemos profundizar para entender la situación real.

Puede parecer una tarea difícil, y lo es, pero las recompensas hacen que el esfuerzo valga la pena. A partir de este momento co-menzamos a notar cómo se activa nuestra intuición, cómo surgen de manera espontánea las respuestas y soluciones en nuestra mente, en formas y momentos inesperados. En lugar de dejar que nuestra ima-ginación intensifique nuestros miedos, aprovechamos su poder para crear una nueva forma de ser.

Cuando comenzamos a trabajar en nosotros mismos, ganamos en fundamentos y claridad. Confiamos en nosotros y utilizamos la mente de manera constructiva, lo que nos permite florecer de la manera más poderosa y completa posible.

Si bien aún necesitamos sentir culpa o vergüenza cuando correspon-da, esos sentimientos dejan de ser tan abrumadores. Dirigir nuestra imaginación es una habilidad que podemos aprender. Podemos me-jorar en la regulación y el control de nuestras emociones de manera que no se impongan ni dicten nuestra conducta.

Imagina que estás conduciendo un coche y tus emociones son tus pasajeros. Un día tomas una ruta equivocada; es decir, haces algo que percibes como un error. Antes la vergüenza se hubiera apoderado del volante. Aunque tus otras emociones también están en el coche, nunca les has permitido tomar el control del volante, ya que la vergüenza es la más imponente. Sin embargo, después del trabajo de introspección que sugerimos en este libro y habiendo restablecido la conexión contigo mismo, ya no cederás el mando. Te mantendrás al frente del volante.

El duelo por nuestro antiguo yo

Es posible que experimentes una sensación de vacío por la versión de ti que has dejado atrás y que extrañes tu antigua forma de ser, las identidades y los roles que asumiste a partir de esta imagen incompleta de quien realmente eres. Sin embargo, para poder progresar es necesario que te desprendas de ellos. Dejar ir comportamientos establecidos (incluso cuando no son satisfactorios) representa un desafío. El cerebro prefiere lo familiar y se resiste al cambio, como un niño que se niega a soltar el chupete cuando llega el momento de hacerlo.

A pesar de que el cerebro pueda percibir que esto es «seguro», nuestra parte racional entiende que necesitamos liberarnos de los viejos patrones de comportamiento. Del mismo modo, reconocer los aspectos sombríos de nosotros mismos (aquellos que ocultamos y negamos) no es tarea sencilla. Sin embargo, para llegar a ser personas completas e integradas debemos enfrentarlos; de lo contrario seguirán reapareciendo en nuestra vida constantemente. Este tipo de cuestionamiento e introspección puede dar resultados fructíferos. Explorar más a fondo la profundidad de tu ser también te permite conectarte con aspectos positivos de tu naturaleza que aún no se han desarrollado, de modo que podrás integrarlos en tu yo auténtico/consciente.

En el pasado quizá construiste un sentido y un propósito desde una perspectiva de «no ser lo suficientemente bueno», pero los procesos que presentaré en este libro te ayudarán a redefinir los valores, el sentido y el propósito de tu vida desde un enfoque de «ser lo suficientemente bueno». Como resultado, estarás más en contacto contigo mismo que nunca y las decisiones y los cambios que lleves a cabo ahora probablemente serán más duraderos y positivos. Es hora de aprender a relacionarte con los demás de otra manera, una en la que dejes de evitar la intimidad o el compromiso por miedo.

Preguntas para la autorreflexión
Piensa en los tipos de comportamiento de la AAF con los que te identificaste en el paso 1.

- *¿Crees que hay una causa raíz que origine tu sensación de ansiedad?*
- *¿Qué miedos crees que impulsan algunos de tus comportamientos?*
- *¿Qué sensaciones experimentas en el cuerpo cuando sientes miedo?*

Por qué las experiencias de la infancia son importantes

Se ha demostrado que las experiencias de nuestra primera infancia pueden marcarnos de manera indeleble y quedan incrustadas en lo más profundo de nuestra psique. Es posible que arrastremos hasta la adultez la creencia subyacente de que la vida es impredecible, que somos responsables de las emociones ajenas y que nuestros propios sentimientos carecen de importancia. Cada uno de nosotros desarrolla distintas creencias sobre cómo nos percibimos, cómo vemos a los demás y cuál es nuestra visión del mundo. Esto implica, por lo tanto, que al comunicarnos cada persona aporta sus propias experiencias y perspectivas.

Fui una niña curiosa que necesitaba entenderlo todo, pero pronto aprendí a reprimir esa faceta con mis interacciones. Por el hecho de ser mujer en mi familia se me inculcó que tenía que cuidar de los demás. Sentía que no debía ser una carga o un fastidio para mis padres, porque ellos se esforzaban por ofrecernos a mis hermanos y a mí oportunidades que ellos no tuvieron, y me sentía culpable si pensaba en desviarme del sendero que habían elegido para mí.

Este patrón se perpetuó en mi vida adulta y desembocó en una codependencia. Me esforzaba por complacer a todo el mundo y luego me cuestionaba por qué no me sentía reconocida y querida de la forma que yo deseaba. Ha sido un largo recorrido que me ha mostrado cómo nuestras experiencias moldean las creencias y los patrones internos que nos sirven para establecer normas sobre nuestro comportamiento y sobre la forma en que encaramos la vida adulta. Estas se denominan «creencias fundamentales» y profundizaré sobre ellas en la próxima sección.

Las experiencias que tuvimos en la primera infancia nos marcan de formas que no siempre son evidentes, y solo cuando contamos con las herramientas adecuadas empezamos a reconocer los patrones que nos han dejado y a aprender cómo superarlos.

Las huellas que dejan esas experiencias de la infancia pueden observarse en distintas especies en todo el mundo, no solo en los seres humanos. Es algo muy profundo y visceral que forma parte de nuestra estructura biológica. Tomemos como ejemplo las tortugas marinas. Al nacer, las pequeñas tortugas se encaminan hacia el mar guiadas por la inclinación de la playa, el vaivén de las olas y el brillo del océano. Las que logran llegar al agua emprenden un viaje lleno de riesgos en la inmensidad del mar, pero una vez que llegan a la adultez logran volver al lugar exacto donde nacieron.

Los científicos han descubierto que lo consiguen porque graban en su memoria el campo magnético de su playa natal mientras dan sus primeros pasos vacilantes hacia el mar. Luego buscan esta señal magnética cuando sienten la llamada para regresar a «casa». Sin embargo, si un humano interviene para ayudar a una tortuga bebé en apuros, esta no desarrolla la impronta necesaria; necesita pasar por la experiencia de llegar al mar para convertirse en lo que está destinada a ser. Lo mismo sucede con los humanos: necesitamos las condiciones propicias para crecer y transformarnos en quienes estamos destinados a ser.

Cada persona es única, con su propia personalidad y carácter y, por lo tanto, con necesidades distintas. El abandono emocional, físico y otras formas de negligencia son como el humano que ayuda a la tortuga en apuros. Esto altera el cableado del cerebro y nos lleva a desarrollar patrones de comportamiento basados en un sistema de creencias influenciado por estas experiencias externas. Nos convertimos en una versión limitada de nosotros mismos, simplemente por lo que pensamos de nosotros mismos.

Si, por ejemplo, tu madre te abandonó a una edad temprana, es posible que desarrolles la creencia o la expectativa de que las personas a quienes te acercas o de quienes dependes también te abandonarán. Con el tiempo podrías sentir una atracción inconsciente hacia personas que confirmen esta expectativa negativa, lo cual siempre te llevará a elegir una pareja que, al final, te dejará. O quizá el miedo a ser abandonado (como hizo tu madre) te lleve a intentar controlar o manipular la relación de tal manera que, irónicamente, termines alejando a esa persona.

Nos comportamos así porque nos da una sensación de seguridad, aunque la realidad es que estamos estancados. Hemos ocultado nuestro lado sombra, esa parte de nosotros que preferimos no revelar. Si nos aferramos a estos patrones, jamás lograremos comprender el porqué de nuestras acciones ni podremos integrar el lado aprendido con el lado sombra.

REFLEXIÓN PERSONAL

- ¿Cómo te sentías en tu infancia? Responde con sinceridad. No se trata de culpar ni señalar a nadie, sino de entender cómo fue tu infancia.
- Evalúa tu relación con cada uno de tus progenitores o cuidadores. ¿Cómo eran? Por ejemplo: «Mi padre era distante emocionalmente», «Mi madre siempre estuvo ahí para mí», «Mi cuidador me negaba el amor como castigo», «Mi cuidador era controlador».

- Ahora escribe cuál fue la creencia que tu niño interior aprendió y cómo se vincula a cada relación. Siguiendo con los ejemplos anteriores, estas serían: «Aprendí que debía ser autosuficiente», «Aprendí que contaba con amor y apoyo», «Aprendí que debía ganarme el amor», «Aprendí que era más fácil seguir los deseos de otras personas».
- ¿Recuerdas haber sentido alguna vez que necesitabas ganarte el amor de alguien? De ser así, ¿qué te hacía sentir de esa manera?
- Analiza tus últimas tres relaciones. ¿Detectas algún patrón en cómo se desarrollaron?

Nuestras creencias fundamentales

Las creencias fundamentales son aquellas creencias firmes que mantenemos de forma constante a lo largo del tiempo y que moldean nuestra visión del mundo y cómo nos percibimos a nosotros mismos. Funcionan como un prisma a través del cual interpretamos el mundo y suelen forjarse en los primeros años de vida, fruto de nuestras experiencias durante la infancia. Si bien pueden ser útiles para dar sentido a nuestro entorno, también pueden limitarnos y obstaculizar nuestro crecimiento personal.

Por ejemplo, aferrarse a la creencia «No soy lo suficientemente bueno» o «Hay algo mal en mí» te hace ver el mundo a través de esa lente. Te limita e influye en cómo percibes todo lo que te rodea. Esta perspectiva limitada se convierte en tu verdad, hasta que decides cuestionarla. Es posible que ni siquiera seas consciente de que llevas contigo esta creencia fundamental, puesto que trabaja bajo la superficie, como si fueran termitas que socavan los cimientos de la madera y ocasionan daños que no podemos ver. Una vez que tu mente inconsciente asume algo como cierto buscará confirmarlo a toda costa, incluso si eso te hace daño o te limita en el proceso.

Esta creencia en particular puede arraigarse tanto que puedes terminar fracasando a pesar de desear tener éxito. No logras entender por qué te ves atrapado en los mismos patrones de comportamiento, y estos fracasos se transforman en una profecía autocumplida que refuerza la idea de que no eres suficiente.

Lo triste es que la creencia de que no somos lo suficientemente buenos no es cierta. Todo el esfuerzo, todo el daño y toda la autodestrucción son el resultado de una narrativa sombría y negativa que nos hemos contado, ya sea por cómo nos han tratado en el pasado o por nuestras propias creencias personales. Al convencer a nuestra mente inconsciente de que esta historia disfuncional es real, hemos *creado* esa realidad. Nuestra mente inconsciente actúa de maneras que quizá ni siquiera percibimos, solo para reforzar esta verdad autodestructiva.

Podría parecer que estoy sugiriendo que este comportamiento autodestructivo es tu culpa; que, al haberle dicho a tu subconsciente una mentira que ahora cree que es verdad, de alguna manera eres responsable, pero no es así. Todos hemos sido moldeados por nuestro recorrido en la vida y por cómo percibimos nuestras experiencias y nuestras relaciones con los demás.

Aceptar la verdad sobre quién eres y cuál es la influencia de tu pasado en tu comportamiento es parte del proceso para entender cómo te afecta la AAF y para encontrar la forma de liberarte de estos patrones.

> *Ser compasivo contigo mismo, perdonarte y ser curioso son piezas fundamentales para cambiar la creencia de que no eres «lo suficientemente bueno».*

Capa sobre capa

El esquema que verás a continuación ilustra cómo nuestras experiencias tempranas nos llevan a establecer creencias fundamentales. Estas se basan tanto en la influencia de nuestro entorno como en nuestra configuración genética y neurológica. Estas creencias nos impulsan a formular suposiciones y a establecer reglas de vida que configuran nuestra forma de percibir el mundo e interactuar con él. Aunque por fuera parezca que todo va bien, cualquier estímulo que active estas suposiciones puede desencadenar pensamientos intrusivos, que a su vez provocan emociones, comportamientos e incluso sensaciones físicas. Por ejemplo, un pensamiento intrusivo como «No les caigo bien» puede generar una sensación de rechazo. Esta emoción puede traducirse en una sensación física, como un nudo en el estómago, lo cual, a su vez, puede llevarnos a cerrarnos (el comportamiento) o a quedarnos en silencio y abandonar la sala. La clave está en identificar y diferenciar estas complejas capas para, en última instancia, liberarnos de las creencias limitantes que nos frenan.

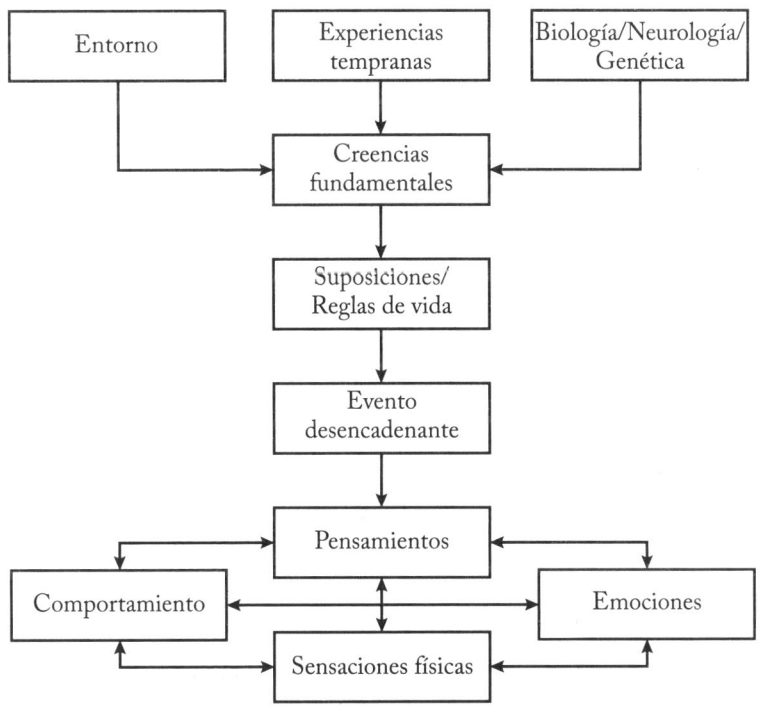

Las capas de nuestras creencias fundamentales

¿Cómo podemos transformar algo que ha echado raíces en nosotros desde la infancia? La clave para liberar nuestro verdadero potencial reside en entender cómo y por qué se formaron estos patrones. Aunque al principio esto puede ser difícil de identificar, existen algunas teorías psicológicas comprobadas que pueden orientarnos y que incorporo en mi práctica profesional con clientes: la teoría del apego y la jerarquía de necesidades de Maslow. Vamos a explorar ambas teorías, centrándonos en su relación con la AAF y en cómo puedes aplicarlas a tus propias experiencias. Una vez que entiendas la ciencia que hay detrás de la AAF, podremos avanzar hacia el paso 3, en el que empezarás a utilizar herramientas que te ayudarán a gestionarla. Sí, ¡el cambio es posible!

Teoría del apego

Sobrevivimos en este mundo gracias a la conexión que establecemos con otras personas. Al desarrollar un apego hacia otra persona, buscamos, en esencia, cercanía e intimidad, que son unos de nuestros impulsos más básicos. En la infancia dependemos completamente de que alguien nos ame, alimente y cuide. Ya en la adultez seguimos buscando satisfacción por medio del amor y las relaciones.

Sin embargo, la AAF y el miedo que conlleva pueden limitarnos e impedirnos experimentar la verdadera profundidad y el afecto en las relaciones, ya sean platónicas, profesionales o románticas. Es crucial entender lo que aportamos y recibimos en nuestras relaciones, reconocer su importancia, valorar cómo establecemos vínculos y profundizar en nuestra comprensión de la intimidad.

Comprender qué nos brinda seguridad es extremadamente poderoso, ya que, si no lo entendemos, los cambios pueden desestabilizar nuestro mundo, lo que daría lugar al pánico y a la ansiedad. Este entendimiento también nos permite manejar nuestras relaciones desde un lugar de seguridad y no de miedo. A continuación te ofrezco un breve resumen de la teoría del apego, desarrollada por el psiquiatra británico John Bowlby.

La idea

La teoría del apego plantea que las experiencias emocionales de nuestra niñez pueden influir en nuestras relaciones futuras, así como en la relación que establecemos con nosotros mismos. Bowlby postuló que nacemos con una predisposición biológica para establecer lazos con otros, lo cual es esencial para nuestra supervivencia.[3] Sin embargo, la *forma* en que forjamos esos lazos, cómo interactuamos y cómo nos tratan los demás en nuestros primeros años de vida establece un patrón que influirá en cómo nos relacionamos y respondemos en futuras interacciones, así como en la imagen que tenemos de nosotros mismos, cómo nos vinculamos con los demás y nuestro grado de autoconciencia.

La comprensión

Cuando se trata de entender cómo nos comunicamos con nosotros mismos y con los demás la forma en que establecemos vínculos es clave. Para alcanzar una mayor autoconciencia debemos remontarnos a nuestras primeras experiencias. Si un cuidador principal atiende de manera sensible y adecuada las necesidades y preocupaciones de su hijo, este aprende que sus necesidades son legítimas y dignas de ser atendidas, lo que contribuye a una autoimagen positiva en el futuro. Esto se conoce como un *apego seguro*.

Por otro lado, si por algún motivo el cuidador principal no cubre las necesidades del niño, se desarrolla un *apego inseguro*. Este tipo de apego repercute de diversas formas en las futuras relaciones del niño. Profundizaremos en los tipos de apego seguro e inseguro más adelante en este capítulo.

La teoría del apego en la práctica

Siempre existirán desafíos en nuestras relaciones, especialmente a medida que crecemos y evolucionamos. No somos seres estáticos, y a veces es en ese aspecto donde se encuentra la lucha y la dificultad.

Podría compararse con un baile en el que constantemente buscamos el ritmo y la armonía: a veces nos desincronizamos y nos esforzamos por recuperar esa armonía para poder *ser* otra vez. Incluso como adultos los patrones y las complejidades arraigados desde la infancia pueden seguir influyendo en nosotros. Lo más importante es cómo trabajamos con las personas en nuestra vida y cómo nos damos espacio para expresar y comunicar nuestros sentimientos. Debemos tener en cuenta que estamos en el mismo equipo y no cerrarnos por miedo, porque eso nos privaría de ser vulnerables y de establecer conexiones profundas. Analicemos esto con el siguiente ejemplo práctico de la teoría del apego.

La situación: La pareja de Alice ha organizado una noche especial para ambos y le ha asegurado que lo tiene todo planeado. Sin embargo, cuando llega el día le pide a Alice que decida qué hacer y dónde cenar. Además, Alice le había dicho que comprara leche al volver del trabajo, pero él ha olvidado hacerlo. Por dentro, Alice se siente muy molesta porque había depositado su confianza en que su pareja cumpliría con lo que había prometido. Sin embargo, no quiere generar ningún tipo de conflicto, así que decide continuar con la cita, aunque se siente frustrada y como si no la hubieran escuchado ni valorado. Elige reprimir su resentimiento para evitar un posible conflicto.

Estilo de apego: Cuando Alice era niña no tenía un espacio para expresar sus emociones, ya que su progenitor estaba ausente porque trabajaba muchas horas. Se sentía como un estorbo y creía que era un fastidio. Como resultado, desarrolló un apego inseguro y vivía con el temor constante al rechazo.

«Regla» en las relaciones: Alice interiorizó que debía complacer a los demás en sus relaciones para sentir que la necesitaban. Esto le daba la sensación de que ser suficiente.

Proceso de pensamiento del apego: Si cuando Alice era una niña hubiese desarrollado un apego seguro en vez de uno inseguro, podría haberse sentido de la siguiente manera: «No pasa nada por expresarle a mi pareja cómo me siento cuando no cumple con lo planeado y olvida comprar la leche. Así él puede comprender la importancia que tiene para mí. No es un reproche, sino una forma de compartir mis sentimientos para que podamos entendernos mutuamente».

Este es un claro ejemplo de cómo nuestras experiencias de la infancia pueden influir en nuestros patrones de comportamiento en la adultez. El siguiente caso de estudio analiza esta situación desde otra perspectiva, en la que el apego se desarrolla por el deseo de un niño de no sobrecargar a su progenitor.

CASO DE ESTUDIO

Peter se crio en un hogar donde su madre padecía una enfermedad y su padre tenía que salir a trabajar. Él recuerda lo difícil que era para su madre levantarse de la cama algunos días y cómo, por este motivo, él procuraba no ser una carga adicional para ella. Cuando su madre le decía que estaba orgullosa de él, Peter se ponía muy contento por poder hacerla feliz. A pesar de lo mucho que le costaba la escuela y las burlas que recibía de los otros niños, nunca compartió sus problemas porque no quería complicar aún más la situación familiar.

PATRÓN DE COMPORTAMIENTO

Con el paso del tiempo Peter mantuvo este patrón de comportamiento, tanto en el trabajo como en las relaciones de amistad y el amor. Evitaba «generar problemas», ya que le resultaba difícil afrontar el malestar ajeno. Este tipo de situaciones lo llevaron a sentirse abatido y a iniciar una terapia para comprender su actitud.

Durante la terapia, Peter se percató de que nunca había expresado sus sentimientos por creer que era una molestia para los demás. No se trataba de culpar a sus padres o a la escuela por no haberse dado cuenta, sino de entender cómo su percepción del mundo le había bloqueado el corazón, lo cual había dado lugar a que su mente tomara las riendas. Esto le dificultaba ser genuino y tendía a basar sus reacciones en las de los demás en lugar de confiar en sus propias emociones. También descubrió su sensibilidad y comprendió que su necesidad se centraba en la autoestima más que en la búsqueda de validación y amor externos.

Estilos de apego

Comprender si tu estilo de apego es seguro o inseguro puede ser clave para romper con los patrones que sabotean tus relaciones. Esto te otorga una mayor conciencia y conocimiento y te permite tomar decisiones distintas de manera consciente, lo cual conduce a conexiones más valiosas, genuinas y profundas.

Todos tenemos experiencias propias que debemos explorar y descubrimientos personales que realizar. Si bien tus experiencias son únicas, en el ámbito de las relaciones es probable que te identifiques con uno de los cuatro estilos principales de apego: ansioso-ambivalente, evitativo, desorganizado y seguro, cada uno originado en distintas experiencias de la infancia.

Un estilo de apego seguro se relaciona con una autoimagen positiva, habilidad para gestionar el estrés, comodidad con la independencia y habilidades sólidas para establecer relaciones. Quienes tienen un apego seguro también suelen conocerse mejor, lo que les permite expresar sus necesidades de forma efectiva y lograr que estas sean atendidas.

Por otro lado, los estilos de apego inseguros (ansioso-ambivalente, evitativo y desorganizado) se caracterizan por una autopercepción negativa, que puede manifestarse de diversas formas en la vida adulta. Por ejemplo, una persona con un estilo de apego evitativo, que ha aprendido que sus necesidades no serán cubiertas, tenderá a mostrar poco afecto y evitará las relaciones íntimas. En cambio, alguien con un estilo ansioso-ambivalente podría intensificar su angustia para satisfacer sus necesidades, lo cual generaría conflictos en sus futuras relaciones.

Tipo de apego	Descripción	Rasgos conductuales	Experiencia arraigada
Inseguro ansioso-ambivalente	Buscan intensamente tener intimidad, aprobación y atención de sus parejas.	Suelen inquietarse por la reciprocidad del amor de su pareja y son sensibles a cualquier señal de amenaza en la relación.	Un apego inicial en el que el cariño se percibía como una condición, como, por ejemplo, un cuidador que les negaba el amor como castigo.
Inseguro evitativo	Se inclinan a alejarse emocionalmente de los demás y pueden evitar las relaciones íntimas.	Tienden a valorar la independencia y reprimir sus emociones y les cuesta confiar en otras personas.	Un vínculo inicial que pudo haber implicado negligencia o diferentes formas de maltrato.
Inseguro desorganizado	Combinan características ansiosas y evitativas. Anhelan tener intimidad, pero temen el rechazo.	Pueden tener dificultades para confiar en otras personas, les cuesta tener autoestima y pueden mostrar comportamientos impredecibles en las relaciones.	Un vínculo inicial con un cuidador que era inconstante o poco confiable en cuanto a la atención, la disciplina y el afecto.
Seguro	Se sienten a gusto con la intimidad emocional y suelen tener confianza en sí mismos y en sus relaciones.	Son capaces de confiar en los demás, se sienten seguros explorando el mundo y gestionan bien el estrés.	Un vínculo inicial con un cuidador en el que se podía confiar, que mostraba consistencia y afecto.

Un resumen de los cuatro estilos de apego

¿CUÁL ES TU PATRÓN DE APEGO?

Este cuestionario es una manera informal de autoevaluarte, conocerte mejor y ayudarte a identificar tu patrón de apego. Los patrones de apego son complejos y dependen de diversos factores, así que este test te ofrece una visión general de tus tendencias primarias de apego más que un diagnóstico definitivo. Al considerar las siguientes preguntas, reflexiona sobre tus relaciones personales, profesionales y románticas cuando sea pertinente.

1. ¿Qué nivel de comodidad sientes con la cercanía y la intimidad en las relaciones?
   a. Me siento muy cómodo. Me resulta sencillo abrirme, acercarme a otros y establecer una conexión emocional.
   b. Más o menos cómodo, aunque necesito tiempo para confiar y abrirme con otras personas.
   c. Incómodo. Prefiero mantener mi independencia y me cuesta abrirme en mis relaciones cercanas.

2. ¿Cuál es tu reacción habitual ante los conflictos o discusiones en las relaciones?
   a. Busco activamente una solución y me comunico abiertamente para resolver los problemas.
   b. Intento llegar a un acuerdo y encontrar un término medio, aunque a veces evito el conflicto para mantener la armonía.
   c. Suelo retirarme o distanciarme cuando surgen conflictos.

3. ¿Sueles preocuparte por la posibilidad de que te abandonen o quedarte solo en las relaciones?
   a. No, me siento seguro y confiado en mis relaciones.

b. A veces, particularmente cuando hay signos de tensión o conflicto en la relación.

c. Sí, muchas veces temo el abandono y suelo sentirme inseguro en las relaciones.

4. ¿Te sientes cómodo dependiendo de otras personas o dejando que otros dependan de ti?

a. Me siento cómodo tanto al depender de otros como al permitir que otros dependan de mí.

b. Prefiero mantener cierto nivel de independencia, pero puedo depender de otros cuando es necesario.

c. Me resulta difícil depender de otros o dejar que otros se acerquen demasiado a mí.

5. ¿Confías fácilmente en los demás y crees que velan por tu bien?

a. Sí, generalmente confío en las personas y creo que tienen buenas intenciones.

b. Mantengo cierta precaución a la hora de confiar en los demás y necesito tiempo para generar confianza en otras personas.

c. No, me cuesta confiar en los demás y a veces siento que me van a defraudar.

Resultados: cuenta cuántas respuestas (a), (b) y (c) has seleccionado:

- Si la mayoría de tus respuestas son (a), probablemente tengas un estilo de apego seguro.
- Si la mayoría de tus respuestas son (b), probablemente tengas un estilo de apego ansioso-ambivalente.
- Si la mayoría de tus respuestas son (c), probablemente tengas un estilo de apego evitativo.

Recuerda que este cuestionario es para la autorreflexión y puede no captar toda la complejidad de los estilos de apego. Se recomienda buscar la ayuda de un profesional de la salud mental para que lleve a cabo una evaluación más precisa y completa, si es necesario.

Sin embargo, sea cual sea el resultado que hayas obtenido ahora, no tiene por qué ser permanente. Esto es parte del conocimiento que te llevará al cambio. Reconocer que la forma en que te desenvuelves en una relación se basa en cómo te trataron en el pasado es dar un paso más para elegir otra forma de ser.

Preguntas para la autorreflexión

- *Ahora que sabes cuál es tu estilo de apego, ¿puedes revisar tus primeras experiencias e identificar dónde puede haberse originado?*
- *¿De qué manera influye tu estilo de apego en las relaciones que mantienes actualmente, ya sean platónicas, laborales o románticas?*
- *¿Qué decisiones podrías tomar, si las hay, para romper con estos patrones?*
- *¿Cómo definirías una relación saludable?*

La jerarquía de necesidades de Maslow

Cuando se habla de la AAF muchas veces surge la palabra «necesidad». Esto se debe a que desarrollamos patrones de comportamiento autodestructivos para satisfacer las necesidades que hemos formado como resultado de nuestras experiencias previas. Al completar el cuestionario anterior has podido identificar tu estilo de apego, así que ahora profundicemos en el concepto de necesidad.

Una de las teorías de necesidades más reconocidas fue desarrollada por el psicólogo estadounidense Abraham Maslow, quien sostenía que, como seres humanos, todos aspiramos a lo que él denominó «autorrealización», que es otra manera de decir «la mejor versión de nosotros mismos». Maslow afirmó que para alcanzar la autorrealización primero debemos satisfacer los diferentes «niveles» de necesidad humana.[4]

Cuando tenemos AAF intentamos satisfacer constantemente nuestras necesidades no expresadas, que se basan en nuestras experiencias aprendidas, y eso se manifiesta en los patrones de comportamiento que adoptamos, el espacio que ocupamos y las reglas inconscientes que seguimos. Sin embargo, si estos patrones dependen de que otras personas actúen de una determinada manera para satisfacer *nuestras* necesidades, con el tiempo se volverán insostenibles y nos agotarán. Si buscamos la satisfacción de nuestras necesidades en el exterior, nunca alcanzaremos la autorrealización; para lograrlo debemos dirigir la mirada a nuestro interior.

La idea

Apoyándose en los estudios de John Bowlby sobre la teoría del apego, Maslow formuló lo que denominó «la jerarquía de necesidades». Esta jerarquía suele representarse como una pirámide de cinco niveles (como se muestra en el diagrama a continuación), con las necesidades ordenadas según su importancia: el primer nivel abarca nuestras necesidades fisiológicas básicas (como el aire, el agua, la comida, el refugio y el sueño); el segundo nivel se relaciona con la seguridad y la protección; el tercer nivel, con el amor y la pertenencia; el cuarto nivel, con la valoración (tanto propia como la que nos otorgan los demás); y el nivel final, con la autorrealización, que es la necesidad de crecimiento personal y descubrimiento, de ser la mejor versión posible de uno mismo, algo que es único para cada persona.

La comprensión

Como se observa en el diagrama, estos niveles de necesidad se suceden uno tras otro. Sin embargo, es posible alcanzar un nivel sin haber cumplido completamente con el anterior, y satisfacer todos los niveles no garantiza que alcancemos la autorrealización; Maslow no consideraba que satisfacer los primeros cuatro niveles condujera automáticamente al quinto. Cumplir con las necesidades de cada nivel de la pirámide puede ser más sencillo para algunas personas; por ejemplo, la seguridad, tener suficiente comida o experimentar la intimidad sexual pueden estar fuera del alcance de algunas personas. Sin embargo, esto no implica que la autorrealización también lo esté.

La jerarquía de necesidades de Maslow

Según Maslow, el desarrollo personal es un proceso ininterrumpido en el que estamos en constante evolución, crecimiento y cambio; es mediante la interacción con los demás que podemos enriquecernos y mantener un crecimiento próspero. Este crecimiento está en constante desarrollo porque abarca nuestros talentos, capacidades y potenciales únicos. Cuando expandimos nuestra perspectiva y nos enfrentamos a experiencias desafiantes, aprendemos nuevas habilidades y nos ponemos a prueba en ámbitos desconocidos, seguimos creciendo.

Nuestras necesidades y el perfeccionismo asociado a la AAF

La baja autoestima puede ser un obstáculo para alcanzar los niveles superiores de la pirámide, y de nuevo se relaciona con la AAF y la sensación de no ser suficientes. Analicemos cómo se vincula la jerarquía de necesidades de Maslow con la AAF a través de su comportamiento asociado al perfeccionismo.

Necesidades fisiológicas

La ansiedad de alto rendimiento y el perfeccionismo pueden provocar una obsesión por el logro y el éxito, ya que nos imponemos alcanzar estándares elevados. El impulso constante por destacar y cumplir con metas poco realistas puede derivar en trastornos del sueño, patrones alimenticios irregulares y estrés crónico. A largo plazo esto puede tener un impacto negativo en nuestra salud física y nuestro bienestar integral.

Necesidades de seguridad y protección

Los perfeccionistas suelen depender excesivamente de la validación externa para sentirse seguros. La AAF intensifica esta necesidad de seguridad, lo cual termina generando una hipervigilancia y un temor constante al fracaso. El miedo a no estar a la altura de las expectativas o a cometer errores puede llevar a un estado de ansiedad crónico, que erosiona nuestra sensación de seguridad y obstaculiza nuestra capacidad para tolerar la incertidumbre.

Necesidades de amor y pertenencia

El deseo de alcanzar la perfección y la incesante búsqueda de aprobación o aceptación pueden entorpecer el desarrollo de vínculos y relaciones genuinas, debido al miedo a que nos juzguen o nos rechacen si no estamos a la altura de nuestras expectativas o de las de los demás. Este temor a que no nos acepten tal como somos puede privarnos de experimentar un amor genuino y un verdadero sentido de pertenencia.

Necesidades de valoración

Aunque los perfeccionistas puedan recibir reconocimiento y elogios externos, su autoestima muchas veces depende de alcanzar estándares extremadamente altos. La AAF puede exacerbar los sentimientos de duda e incompetencia, lo cual da lugar a una constante sensación de no ser suficiente e incluso al síndrome del impostor.

Autorrealización

La AAF y el perfeccionismo pueden ser obstáculos para la autorrealización, el proceso de alcanzar nuestro máximo potencial y buscar el crecimiento y la realización personal. La incesante búsqueda de la perfección, la autocrítica y el temor al fracaso pueden impedirnos asumir riesgos y explorar nuestras verdaderas pasiones e intereses, lo cual limita las oportunidades de autodescubrimiento y crecimiento.

Hacia la autenticidad

En resumen, la AAF y el perfeccionismo pueden desequilibrar la jerarquía de necesidades de Maslow, impedirnos satisfacer plenamente nuestras necesidades básicas y obstaculizar nuestro avance hacia la autorrealización. Sin embargo, si fomentamos una autoestima saludable y nos replanteamos el perfeccionismo, podremos alinearnos mejor con nuestras necesidades y encontrar satisfacción en conexiones genuinas, libres de las cargas de la ansiedad y la búsqueda de una perfección inalcanzable.

Abordar y manejar esto implica reconocer el impacto de la ansiedad y el perfeccionismo y tomar medidas proactivas para fomentar la autocompasión, establecer expectativas realistas y buscar apoyo cuando sea necesario. Al enfrentarnos a estos problemas subyacentes, podemos promover el crecimiento personal y el bienestar y, en definitiva, avanzar hacia la autorrealización y hacia una vida más equilibrada y plena.

Es a través de la interacción con los demás que comprendemos no solo quiénes somos, sino también quiénes podemos llegar a ser. Cada interacción nos brinda la posibilidad de aprender algo nuevo.

¿Por qué? Porque puede enriquecer nuestro mundo interior, hacer que nos sintamos bien o representar un desafío. Cualquiera que sea la situación, el aprendizaje aporta algo a nuestra sabiduría y a nuestra comprensión de cómo queremos actuar en el futuro.

Si tienes baja autoestima, puede parecer que estás estancado en la búsqueda de un amor duradero y en la sensación de pertenencia porque basas tu valor en la necesidad de que los demás te aprecien. El hecho de no haber tenido una base sólida de relaciones positivas durante la infancia puede dificultar el desarrollo de la autoestima.

Por ejemplo, si cada vez que llorabas de niño tu cuidador te decía que pararas porque solo los bebés lloran, eso pudo haberte hecho sentir que llorar no estaba permitido. Quizá pensaban que te estaban consolando, pero en realidad te inculcaron una creencia negativa, lo cual te llevó a sonreír cuando en realidad querías llorar, solo para recibir el elogio que deseabas. Creciste buscando esta validación en los demás, ya que era la única manera que conocías de demostrar que eras suficiente. Aprendiste que no podías tomar decisiones por tu cuenta y que necesitabas que otros te guiaran.

Sin embargo, al retroceder, observar este comportamiento aprendido y entender de dónde proviene queda claro que esto es tu *percepción* de lo que otros piensan de ti y no lo que realmente piensan.

En mi trabajo utilizo un modelo de tres niveles llamado «la pirámide del valor». El primer nivel es la autoconciencia, en el que somos conscientes de nuestro verdadero yo y de lo que realmente deseamos. El segundo nivel es la autoaceptación, en el que aceptamos este verdadero yo y abrazamos todo lo que nos ofrece. Por último, el tercer nivel es el amor propio, en el que pasamos de la aceptación a amarnos de verdad a nosotros mismos y todo lo que somos, lo cual ocurre cuando sabemos que somos suficientes.

Florecemos de otra forma cuando sabemos que somos suficientes. A esto lo llamo autoexpansión, y se produce cuando dejas ir lo que no te sirve para dejar entrar lo que te satisface. Analizar a fondo todos los aspectos de nuestro comportamiento y de dónde provienen nos permite dejar atrás nuestras viejas creencias sobre quiénes creemos que somos y abrazar todo lo que podemos ser.

Aunque muchos de nosotros no alcancemos nuestro máximo potencial, Maslow creía que todos tenemos lo que él llamaba «experiencias cumbre», momentos de autorrealización en los que logramos cosas que nunca pensamos que fueran posibles y por las que hemos trabajado arduamente, como terminar una carrera universitaria, correr un maratón, crear una obra de arte u otros eventos significativos de la vida.[5]

Preguntas para la autorreflexión

- *¿En qué nivel de la pirámide de Maslow sientes que te encuentras actualmente? Profundiza y explora el porqué.*
- *¿Qué necesitas proporcionarte para ascender en la pirámide?*
- *¿Has vivido alguna vez una «experiencia cumbre»? Y, si es así, ¿sientes orgullo por lo que lograste? Si no es así, ¿por qué?*

El comportamiento complaciente

El abandono emocional en las primeras etapas de la vida puede desembocar en comportamientos como el de querer complacer a los demás, ser excesivamente responsable, querer sentir que se tiene el control y otros síntomas de la AAF (ver paso 1). Es evidente que, si nuestras necesidades emocionales no se satisfacen de la forma que necesitamos, buscaremos otras maneras de cubrirlas, lo cual puede conducir a la AAF. La buena noticia es que una vez que comprendemos esto podemos tomar decisiones conscientes para cambiar nuestros patrones de comportamiento. A continuación presentaré un caso de estudio que ilustra cómo se puede lograr.

CASO DE ESTUDIO

Michael creció en un hogar donde sus necesidades físicas, como ropa de abrigo o un ambiente seguro, siempre estuvieron cubiertas, pero donde nunca atendieron sus necesidades emocionales. Sus padres se separaron cuando él tenía ocho años, y aún recuerda las discusiones y a su madre diciéndole que su padre había sido injusto.

Cuando Michael se hizo mayor adoptó el rol del «responsable» en sus relaciones, tanto personales como laborales; en el trabajo lo veían como un líder nato. Él satisfizo su necesidad de sentirse querido y de pertenecer a algo al ocuparse de las emociones de los demás y asegurarse de que estuvieran bien.

PATRÓN DE COMPORTAMIENTO

Cuando Michael era pequeño y veía a su madre afligida no quería empeorar las cosas, de modo que trataba de darle lo que creía que ella necesitaba para sentirse mejor. Se hizo cargo de las emociones de su madre y, como resultado de ello, decidió no pasar tiempo con su padre para no hacerle daño. Mantuvo este patrón de comportamiento hasta llegar a la adultez, lo que llevó a Michael a tratar de demostrar su valor siendo el sostén emocional de todo el mundo.

LA COMPRENSIÓN

Cuando Michael empezó a reconocer este patrón pudo comenzar a liberarse de él. Este aumento de la autoconciencia trajo consigo una mayor autoestima, lo que le permitió comprender en profundidad, aceptar y valorar su verdadero yo.

Empezó a entender que podía sentirse pleno sin la necesidad de complacer a los demás constantemente. También descubrió que no podía solucionar la vida de todo el mundo y aprendió a estar en paz con esa realidad. Desarrolló confianza en sí mismo, estableció límites y cultivó el respeto hacia los demás, tomando decisiones más deliberadas y conscientes en su vida.

Quiero recordarte que este caso, como todos los que presento, es solo un ejemplo. La experiencia de cada individuo es única y se moldea a partir de su educación y otros factores influyentes. Por lo tanto, aunque puedas identificarte con estas historias en cierta medida, es esencial que explores tus propias experiencias para entender cómo se aplican a ti. Asimismo, es importante señalar que cada persona puede reaccionar de una manera distinta frente al mismo estímulo o la misma situación.

El acto de complacer a los demás no tiene que ver con ser considerado o desear la felicidad ajena; en realidad, se trata de manipular las reacciones de los demás para sentirnos seguros. En el fondo, el hecho de complacer se vincula con el temor al rechazo o a caer mal, o incluso a caernos mal a nosotros mismos. Nos pasamos la vida intentando gustar a los demás, diciendo que sí para satisfacer sus necesidades, sin comprender o contemplar siquiera la posibilidad de decir «no». De hecho, existen dos lados en el comportamiento de complacer a los demás, tal como muestra la siguiente tabla:

Lado aprendido (lo que mostramos)	Lado sombra (lo que ocultamos)
Motivado	Autocrítico
Servicial	En busca de validación
Productivo	Autoimagen negativa
Organizado	Desconectado
Confiable	Con baja autoestima
Cortés	Resentido
Atento	Solitario

Comprensivo	Sin límites definidos
Cariñoso	Ansioso
Leal	Agotado
Satisfecho	Perdido

Los dos lados del comportamiento complaciente

Convertirse en un complaciente rehabilitado

Un complaciente rehabilitado es una persona que ha trabajado de manera consciente y deliberada para romper con el patrón de buscar la aprobación constante y anteponer las necesidades ajenas a las propias. Estas personas han iniciado un camino de autodescubrimiento, de poder establecer límites, y han aprendido a expresarse de forma genuina, con lo que se fomenta un equilibrio más sano entre atender sus necesidades y las de los demás.

APRENDER A DECIR «NO»

¿Cuántas veces has dicho «sí» cuando por dentro realmente querías decir «no»? Prepárate un café, toma papel y lápiz y busca un rincón tranquilo para llevar a cabo este ejercicio para quienes buscan complacer a otros; te ayudará a identificar esos momentos en los que necesitas decir «no».

- Traza un círculo y titúlalo «tiempo». Utiliza categorías como «sueño», «trabajo», «viajes», «social», «tiempo para uno mismo», «familia» y «amigos» y divide el círculo en segmentos que reflejen cómo distribuyes tu tiempo *actualmente*, de promedio, a lo largo de un mes. Responde con sinceridad.

- Dibuja un segundo círculo con el mismo título, «tiempo». Usa las mismas categorías y divide este círculo en segmentos que representen cómo te gustaría, idealmente, emplear tu tiempo.
- Traza un tercer círculo y denomínalo «relaciones». Sepáralo en segmentos para las personas a las que dedicas tu tiempo actualmente, usando categorías como «yo mismo», «mi pareja», «hijos», «familia» (que aprecio), «familia» (que no aprecio), «compañeros de trabajo» (que me caen bien), «compañeros de trabajo» (que no me caen bien), «amigos» (que me caen bien), «amigos» (que no me caen bien), «clientes» (que me caen bien), «clientes» (que no me cae bien).
- Dibuja un cuarto círculo y llámalo «relaciones». Crea segmentos para las personas con las que, en un mundo ideal, te gustaría compartir tu tiempo.
- Ahora, con los cuatro círculos en mente, elabora una lista que identifique (1) situaciones en las que estás diciendo «sí» cuando realmente necesitas o deseas decir «no», o (2) personas con las que pasas tiempo y preferirías no hacerlo. Es crucial que seas absolutamente honesto.
- Invita a participar a un amigo cercano (que sea sensato) o a tu pareja; alguien en quien confíes plenamente. Revisad la lista juntos y pregúntate: «¿Tengo algún margen de decisión aquí?». Si la respuesta es afirmativa (y lo será en la mayoría de los casos), entonces deja de hacer esa cosa determinada o de ver a esa persona. Es tan simple como eso.
- Practica lo que tengas que decir y exprésalo con cortesía. Si es necesario, redacta una carta o un correo electrónico. Siempre que sea posible, explica tus motivos. Si no tienes un margen de decisión realista debido a compromisos familiares, compañeros de trabajo o algún evento, explora qué alternativas hay para reducir el impacto de esa situación o esa persona en tu vida. Actúa.

Es posible que tu nueva postura sorprenda o incluso moleste a algunas personas, así que planifica con anticipación cómo quieres lidiar con estas reacciones. Pero mantén tu posición. Esto no es un debate, no necesitas la aprobación de nadie. Se trata de que lleves una vida más feliz. Como siempre digo, la vida es demasiado corta para no vivirla con felicidad. Por lo tanto, no ocupes tus días haciendo cosas que no quieres hacer o viendo a personas a las que no quieres ver.

Despertar al verdadero yo

Conocer tu estilo de apego o determinar tu posición en la pirámide de la jerarquía de necesidades no solucionará tus problemas de inmediato, pero sí te ayudará a tomar conciencia de ellos. Esta conciencia es el primer paso para romper con los patrones de comportamiento destructivos que te frenan. Como ya he mencionado, entender estos patrones es la única forma en que podemos superarlos para, finalmente, dejar atrás aquellos sucesos de la infancia que nos han moldeado de manera subconsciente.

Si bien el pasado puede habernos definido, es en el presente cuando tenemos la oportunidad de liberarnos de las expectativas, reconectar con nosotros mismos y reaprender a existir.

Por supuesto, nuestra mente consciente puede resistirse a este cambio. No siempre es fácil reconocer o aceptar lo que debemos cambiar en nuestra vida, y a veces sentimos un fuerte deseo de permanecer en la zona de confort de los patrones habituales de comportamiento. Sin embargo, la vida puede empujarnos hacia el cambio, ya sea por medio de una crisis, un colapso o simplemente por el agotamiento de vivir siempre de la misma manera.

Aunque es posible que en ese momento no percibas que el trabajo personal que estás llevando a cabo es valioso o positivo, la conciencia trae consigo la comprensión, seguida de la iluminación y la autoexpansión. Esto, a su vez, lleva a una renovación y una transformación que quizá nunca creíste posible, mediante las que eliminarás los obstáculos que te impiden crecer y podrás desarrollarte más plenamente.

Comparto con mis clientes las herramientas que necesitan para comprender por qué actúan de una determinada manera, y esas mismas herramientas son las que compartiré contigo en este libro. Estas herramientas les brindan la claridad necesaria para romper con los patrones de comportamiento que les impiden avanzar. Muchos de ellos me confiesan que hubieran querido iniciar este proceso de «despertarse» mucho antes y lo mucho que les frustra haber perpetuado estos patrones.

Reflexionan sobre el hecho de haber estado atrapados viviendo para los demás por sus propias creencias limitantes, y cómo al liberarse de ellas han podido tomar conciencia de que durante años no han sido capaces de ver que había otras maneras de vivir. Sin embargo, no es culpa suya. Al igual que la tortuga marina no se percata de que su cerebro ha sido alterado por la (in)útil intervención humana, a nosotros nos pasa lo mismo.

Cuando reflexiono sobre mi vida siento pena por el camino que he recorrido. Recuerdo que después de que me diagnosticaran dislexia empecé a comprender el porqué de mis métodos de estudio y mis dificultades con la lectura. En una ocasión un profesor me pidió que leyera algunas páginas de un libro en voz alta. Aunque por dentro me invadían la ansiedad y el pánico, encontré la forma de continuar. Había palabras que me resultaban difíciles de pronunciar (todavía me pasa) y oía las risas de otros estudiantes. A pesar de sentir mucha vergüenza, seguí adelante. Ahora entiendo por qué mis maestros no detectaron lo que ocurría: me había vuelto toda una experta en ocultar mis emociones. Este es, para mí, un claro ejemplo del comportamiento dual asociado a la AAF. ¿Te resulta familiar?

REFLEXIÓN PERSONAL

Anota cinco palabras que describan cómo fue tu infancia. Por ejemplo: exigente, reconfortante, aventurera, afable, desconcertante.

- ¿Cuál de estas palabras dirías que se mantiene en tu vida adulta?
- ¿Cuál de estas palabras desearías cambiar? Por ejemplo, «reconfortante» y «afable» son palabras que influyen en cómo buscas y ofreces apoyo en tus relaciones. «Aventurera» te impulsa a abrirte a nuevas experiencias y retos. «Desconcertante» refleja una tendencia a cerrarte por el hecho de no comprender la perspectiva ajena.
- ¿Qué revelaciones puedes deducir sobre tus patrones de comportamiento a partir de estas palabras?

El camino hacia la autoconciencia

La autoconciencia es el proceso de entender mejor por qué sientes lo que sientes, piensas lo que piensas y actúas de una determinada manera. También es un reflejo de cómo te percibes a ti mismo y se asocia al crecimiento personal. Tomar conciencia de nuestro lugar en el mundo es esencial para establecer relaciones estables y seguras.

Aún queda mucho por aprender sobre lo que ocurre en la mente subconsciente, pero lo que sí está claro es el importante rol que cumple a la hora de influenciar nuestro comportamiento.

Solo al darnos un respiro, hacer una pausa y tomar conciencia podemos obtener una visión clara de cómo nos mostramos al mundo.

De lo contrario, los patrones que han quedado grabados en el subconsciente durante la juventud seguirán activos y nos mantendrán en un bucle de piloto automático, incluso si nuestras circunstancias cambian.

Hay una historia sobre elefantes en cautiverio a los que ataron con cadenas cuando eran pequeños para enseñarles que no podían escapar. Al crecer, las cadenas fueron reemplazadas por cuerdas que los elefantes, ahora fuertes, podrían romper fácilmente y liberarse. Sin embargo, no lo hicieron, porque seguían creyendo que estaban encadenados. La creencia de que no podían liberarse se les quedó grabada desde jóvenes y persistió, tan fuerte como las cadenas que una vez los sujetaron.

Esta triste historia nos muestra lo fácil que es quedarnos atrapados en nuestras propias cadenas metafóricas, simplemente por cosas que experimentamos de jóvenes y que aún nos persiguen. La mente está programada para protegernos, y su forma de hacerlo es instaurando comportamientos que nos protegen de revivir esa sensación de insuficiencia que interiorizamos de niños. Sin embargo, con el tiempo estos comportamientos se transforman en cadenas que nos impiden disfrutar plenamente de la vida. Solo al expandir nuestra autoconciencia podremos empezar a deshacernos de estas ataduras.

Por ejemplo, si en tu infancia tu madre te rechazaba cada vez que buscabas su cariño, es probable que hayas desarrollado ciertas creencias sobre ti mismo, los demás y el mundo basadas en esa vivencia. Podrías sentir que nadie te quiere y que no eres digno de amor y pensar que siempre que pidas algo que necesitas serás rechazado. Quizá aprendiste a no confiar en los demás ni depender de ellos y te acostumbraste a lidiar con las situaciones por tu cuenta y a confiar únicamente en ti mismo.

Sin embargo, estos sentimientos no pueden permanecer ocultos eternamente: en algún momento de tu vida emergerán en forma de frustración, resentimiento o enfado cuando alguien no cumpla con tus expectativas. Estás limitado por los recuerdos de tu pasado y, a menos que comprendas que esas cadenas ya no existen, nunca lograrás liberarte.

Preguntas para la autorreflexión

- *¿En qué momentos te criticas más a ti mismo? Por ejemplo, en el trabajo, en tus relaciones, en público, cuando estás solo en casa...*
- *¿Existen situaciones en las que finges ser alguien que no eres solo para ganarte la aceptación de los demás?*
- *¿Hay personas con las que te sientes particularmente sensible o incómodo? ¿Qué tienen en común?*
- *¿En qué momentos sientes que aumenta tu autoestima?*
- *¿Cuál es el juicio ajeno al que más temes enfrentarte?*
- *¿Crees que albergas alguna creencia que te limita?*
- *¿Recuerdas haber atravesado alguna experiencia de rechazo en la infancia?*

Hagamos un balance

Ahora que estás a punto de concluir el paso 2, ¿cómo te sientes? Tómate un momento para interiorizar todo lo que has descubierto sobre ti, y no olvides felicitarte. El simple hecho de haber llegado hasta aquí, de sostener este libro entre las manos y mostrar la curiosidad y el compromiso necesarios para continuar demuestra que tienes una gran valentía y fortaleza en tu interior.

Tienes la llave para liberarte de tus creencias y comportamientos limitantes, para deshacerte de ellos en lugar de quedarte estancado. Debes sentir orgullo por todo lo que has alcanzado hasta ahora y por querer profundizar y entender más. El viaje hacia la esencia de nuestro ser puede ser complicado y emocionalmente intenso en ocasiones. Reconciliar el lado aprendido y el lado sombra de nuestra personalidad no es fácil, pero te espera una gran recompensa si tienes la fortaleza para seguir adelante. Y yo creo que la tienes.

RESUMEN DEL PASO 2

Espero que ahora entiendas mejor de dónde surge la AAF y que, al comprender el origen de los patrones de comportamiento con los que se vincula, puedas empezar a desaprenderlos. Aprovecha la oportunidad de explorar más a fondo las imágenes internas y los patrones que has albergado desde la infancia y observa cómo se manifiestan en forma de AAF y en la sensación de no ser lo suficientemente bueno. Todo lo que aprendas te permitirá generar nuevas perspectivas en tu subconsciente, que saldrán a la luz. Recuerda que cuando te das el tiempo y el espacio necesarios para hacer consciente lo inconsciente pueden ocurrir cosas poderosas.

Este es el momento de cambiar. Tal vez has pasado una buena parte de tu vida haciendo lo que crees que otros esperan de ti. Ahora tienes la oportunidad de detenerte, reflexionar y hacer un balance. Al evaluar, meditar y procesar lo que has logrado o no hasta el momento podrás reevaluar y replantearte los valores, las metas y los objetivos que son importantes para ti en este momento. Revisa lo que tiene un significado personal para ti. ¿Cuáles son tus necesidades y deseos personales? ¿Cuál es el propósito de tu existencia? ¿Qué deseas hacer con los años que te quedan?

Podemos eliminar lo antiguo para hacer espacio para lo nuevo. Es hora de darte permiso para ser quien realmente eres, para hacer lo que realmente deseas, no solo lo que *crees* que deberías hacer. Ya ha terminado la parte de desaprender; ahora ha llegado el momento de empezar a aprender. En los siguientes tres pasos te ofreceré las herramientas que necesitas para acceder a una nueva forma de ser. ¿Estás listo?

Aprender

PASO 3

Desarrolla una conexión contigo mismo y deja atrás el miedo

Yo: (Terapeuta) Dijiste que no querías hacer esta presentación para el trabajo.

Cliente: *Sí. No me siento a gusto.*

Yo: ¿A qué te refieres con «a gusto»?

Cliente: *La gente espera que hable sobre este tema y lo sepa todo, pero no es así.*

Yo: ¿Qué pasaría si dijeras algo con lo que otra persona no esté de acuerdo?

Cliente: *Me juzgarían y pensarían que soy idiota.*

Yo: Entonces, ¿te preocupa lo que la gente pueda pensar de ti si te equivocas en algo?

Cliente: *Sí, porque, si eso sucede, no me aceptarían.*

Yo: Entonces, ¿te da miedo que te rechacen?

Cliente: *Nunca me lo había planteado de esa manera, pero sí. No quiero que piensen que no soy lo suficientemente bueno.*

Recorrer el camino hacia la autoconciencia, hacia conocer y aceptar quiénes somos realmente, lleva tiempo. Sin embargo, si te has estado esforzando hasta ahora, ya has comenzado a recorrerlo. Detengámonos un momento. Sí, sé lo que estás pensando: «Pero si acabo de entender el porqué de mis sentimientos y de dónde provienen. He indagado a fondo, he conectado con partes de mí que creía perdidas. He quitado muchas capas y mostrado un montón de miedo. ¿Y ahora me pides que… haga una pausa?». En realidad, no es exactamente eso. Este es el punto de nuestro viaje en el que evaluamos lo que hemos descubierto y buscamos claridad. La AAF, como he mencionado anteriormente, nace del miedo. En los pasos 1 y 2 has hecho un trabajo para descubrir el origen de tu miedo y lo has traído a la luz. Ahora, antes de seguir adelante, es necesario que *entiendas* ese miedo. Solo así podrás avanzar y ser realmente libre.

Cuando logramos entender lo que nuestro miedo
intenta comunicarnos, podemos desaprender nuestra
manera actual de ser y aprender una nueva forma
de vivir.

Las personas con las que trabajo suelen decirme: «Pero no sé quién soy si dejo de actuar así». Aceptar esto es una parte fundamental de soltar el miedo. ¿Quién eres cuando el miedo no te controla?

Interpretar nuestros patrones de comportamiento

En el paso 2 hemos retrocedido al pasado para entender cómo la AAF puede desarrollarse a partir de nuestras experiencias de la infancia. Hemos explorado nuestras creencias fundamentales, los cuatro estilos de apego y la noción de necesidad y hemos visto cómo las experiencias de nuestra juventud nos acompañan hasta la adultez. Eso ha sido *desaprender*.

Me gusta pensar en este proceso como si fuera el trabajo de un arqueólogo que excava capas y capas para llegar al pasado. Sin embargo, una vez que llega al fondo del foso, el arqueólogo debe inspeccionar cada estrato y cribar la tierra para extraer cada ápice de sabiduría. Lo mismo nos sucede a nosotros en este viaje de autodescubrimiento. Aunque ahora sabemos cuál es el origen de estos patrones de comportamiento, tenemos que seguir trabajando para comprenderlos. Este es el primer paso en el proceso de aprender una nueva manera de vivir.

Durante la infancia dependemos completamente de quienes nos cuidan y satisfacen nuestras necesidades. Si nuestros cuidadores no atienden nuestras necesidades físicas, emocionales y de seguridad, más adelante encontraremos (inconscientemente) otras maneras de cubrirlas. Es posible que nos enfademos con nuestros cuidadores por no habernos apoyado, que sintamos que nos fallaron o que nos sintamos culpables por haber sido una carga para ellos o por haber pedido demasiado.

Estamos destinados a revivir estas creencias, patrones y expectativas de la infancia hasta que los traigamos a nuestra conciencia y les encontremos sentido. Solo entonces podremos dar un nuevo significado a los sucesos vividos.

Ya has pasado por la parte más difícil de este proceso, que es reconocer tu lado sombra y los patrones que se manifiestan en tu vida. Ahora es el momento de ahondar más y equiparte con las herramientas necesarias para transitar por la vida de aquí en adelante. Al observar objetivamente nuestros patrones de comportamiento y las reglas que rigen nuestra vida podemos comprender mejor cómo se formaron. De este modo nos liberamos de repetir los mismos comportamientos una y otra vez.

Descubrir nuestros patrones y las reglas que guían nuestra vida y explorar sus orígenes es el primer paso hacia la conquista de la libertad y la paz interior.

El cuerpo tiene su propia memoria y guarda emociones en su interior. Cuando reprimimos nuestra ira hacia quienes nos cuidaron por no satisfacer nuestras necesidades y la redirigimos a comportamientos que nos limitan, también nos desconectamos de nuestro poder interno. Al revisitar nuestro pasado y enfrentarnos a nuestros primeros sentimientos de ira y dolor, podremos liberar esa energía contenida y oprimida y así reintegrarla en nuestra psique y revitalizar el cuerpo y la mente.

Entender nuestros patrones nos permitirá descubrir el poder interno para tomar las riendas de nuestra vida. A medida que nos adentremos más y más hallaremos una fuerza interior y un sentido de autonomía que nos impulsarán hacia una nueva dirección o un nuevo propósito.

Todo esto suena maravilloso, y realmente lo es. Sin embargo, alcanzar ese estado implica todo un proceso y en el camino puede parecer que los cimientos de nuestra existencia se tambalean, como en un terremoto. Esto sucede porque, aunque las viejas estructuras de nuestra vida no hayan sido satisfactorias, puede ser difícil soltar lo que nos resulta familiar y está consolidado. Nos aferramos a lo que conocemos y a lo que ya existe, aunque una parte de nosotros desee liberarse.

Percibimos el cambio necesario como una amenaza a nuestra existencia, ya que estos viejos patrones de comportamiento nos han brindado nuestra mayor sensación de seguridad. Por este motivo, incluso cuando los eventos externos nos obligan a enfrentarnos a nosotros mismos, nos seguimos aferrando a nuestra antigua forma de ser, con la esperanza de que el temblor se detenga, incluso mientras las estructuras de nuestra vida se derrumban. Esta agitación, por difícil que parezca en el momento, es una parte necesaria del proceso de desprendimiento y sucede por una razón: estamos accediendo a nuestro yo esencial y recuperando nuestro poder.

Reconectándonos con nuestro yo esencial

Se dice que todos poseemos un yo más profundo o esencial, que, desde la mente subconsciente, nos guía y regula nuestro crecimiento y desarrollo. Al igual que una semilla de pera está destinada a convertirse en peral y no en manzano, existe en nosotros una parte que conoce nuestro destino y el camino que debemos seguir para alcanzarlo. Cuando las personas hablan de «seguir su instinto» podrían estar accediendo a esta parte profunda de su ser. Sin embargo, la confianza es algo difícil para quienes viven con AAF, por lo que pierden la conexión con su yo esencial.

Al cultivar la confianza en nosotros mismos, sentarnos en calma y dejarnos guiar hacia la paz podemos reestablecer la conexión con nuestro yo esencial y encontrarnos de nuevo. Conceptos como la individualización, la autorrealización, la autocomplacencia y el despertar describen este proceso de crecimiento hacia lo que estamos destinados a ser, utilizando la sabiduría y el significado obtenidos de todo lo que hemos vivido. De esa forma podemos crecer a partir de nuestras propias experiencias.

Aunque no creamos en la idea de un yo más profundo que nos guía, encontrar un sentido en lo que vivimos nos permite abordar las situaciones con más creatividad y éxito. Debemos dejar que el terremoto siga su curso, que derrumbe lo que era viejo y limitante para así dar paso a la construcción de algo nuevo. Es el único modo de acceder al poder que reside en nuestro interior.

Al reconectar con nuestro poder interno, con nuestra esencia, no solo nos sentimos más completos, sino también más vivos, más conectados y con los pies en la tierra. Es una sensación maravillosa.

Nos sentimos capacitados para tomar decisiones y llegar a un punto en el que confiamos en que estaremos bien, incluso en situaciones que antes nos habrían abrumado o asustado. Empezar este proceso es como excavar más profundo para recuperar aquellos rasgos positivos que hemos reprimido y que no hemos podido manifestar, como tesoros perdidos en la tierra.

Ahora es el momento de aplicar lo que has aprendido (y desaprendido) en los pasos 1 y 2 y elegir presentarte de otra forma. Cuando llegas a la raíz de tu AAF finalmente puedes entender su origen y cómo te ha influenciado a ti y a tu manera de comportarte. Recuerda: la AAF se origina en el miedo. El secreto para superarla es aprender a gestionar ese miedo, a convivir con él en lugar de permitir que te domine. Pero solo puedes hacerlo una vez que comprendas lo que el miedo intenta comunicarte, y eso variará según cada persona. Reconectarte con tu yo esencial es la única forma en la que podrás liberarte y construir una manera de ser diferente.

Caja de herramientas para la AAF

No hay reglas absolutas que te den la clave para cambiar tu vida. Todos somos distintos, y lo que le sirve a una persona puede no ser servirle a otra. El cambio consiste en probar distintas estrategias para ver si te funcionan. Lo que sí puedo hacer es darte las herramientas que necesitas para empezar a trabajar.

Así que te invito a experimentar con cada una de las siguientes herramientas para la AAF y averiguar cuál es la adecuada para ti. ¡Recuerda tratarte con amabilidad! Estás desaprendiendo y modificando años de hábitos, y eso llevará tiempo. Así que confía en que lo lograrás.

Si te gusta *Star Wars*, quizá la siguiente analogía te resulte familiar (si no, avanza a la herramienta n.° 1). Cuando un aprendiz se está formando para convertirse en un maestro *jedi*, le pregunta a Yoda qué debe hacer. Su famosa respuesta es la siguiente: «Paciencia debes tener, mi joven *padawan*». Convertirse en *jedi* requiere la habilidad de disminuir el ruido de todo lo que te rodea para que puedas canalizar y sentir la fuerza. Eso es precisamente lo que tenemos que hacer: estar presentes en el momento para poder regular nuestras emociones.

Herramienta n.° 1: dejar de lado las expectativas

Llegó un punto en mi vida en que me cansé de decepcionarme y desilusionarme constantemente porque lo que esperaba no se concretaba. Después de mucha reflexión y esfuerzo, ahora intento no tener expectativas. Procuro dejar que las cosas fluyan y caigan por su propio peso. Adoptar esta «estrategia» o estilo de vida me ha hecho estar más en paz y aceptar la vida, los acontecimientos y a mí misma. Por supuesto, a veces sigo queriendo darme una bofetada cuando tengo expectativas (una costumbre molesta que es difícil de erradicar completamente), pero estoy desaprendiendo años de condicionamientos que regían mi vida.

Una expectativa es un deseo, un anhelo, una creencia o una anticipación emocional que tienes sobre una visión futura de ti mismo, un acontecimiento o una acción. Las expectativas pueden ser realistas o irreales, pero suelen ser estas últimas las que nos causan dolor, sufrimiento y frustración. Es importante tener en cuenta que no todas las expectativas son malas. En realidad son las expectativas excesivamente altas las que nos engañan y nos predisponen al fracaso.

Cuando esperamos algo, creemos que sucederá de una determinada manera. Sin embargo, las cosas no siempre salen tal como las planeamos, o quizá esperábamos más de lo que era viable. Cuando nuestras expectativas no se cumplen sentimos decepción y, con el tiempo, incluso resentimiento. De hecho, el impacto de las expectativas no satisfechas es tan grande que afecta negativamente a la forma en que nos vemos a nosotros mismos, a quienes nos rodean y el mundo en general.

CASO DE ESTUDIO

Diane tiene una amiga a la que no ha visto desde hace mucho tiempo. Esta amiga se pone en contacto con Diane y le dice que vendrá a la ciudad para celebrar su cumpleaños y que ha organizado una salida nocturna. Diane está emocionada e imagina que su amiga ha reservado algún lugar agradable para ir.

Sin embargo, cuando Diane finalmente se encuentra con su amiga, ella le pregunta: «¿Qué tienes ganas de hacer?». Diane se frustra porque, después de lo que le había dicho su amiga, imaginaba que ya tenía todo organizado. Esta situación hace que Diane se sienta como si no fuera lo suficientemente buena y como si no importara. Se siente decepcionada y estúpida, e incluso se reprocha haber pensado que su amiga iba a organizar algo para su cumpleaños.

> **La NIÑA que crece sintiéndose ansiosa e insegura sobre si es o no amada = la ADULTA que tiene expectativas desmesuradas de sí misma y de los demás.**

Deshacerte de tus expectativas implica que pases tiempo contigo mismo. Requiere honestidad y disposición para abrirse. Aunque el camino para llegar allí puede ser diferente para cada persona, un ejercicio que podría ser útil es sentarse y respirar.

REFLEXIÓN SOBRE LA RESPIRACIÓN CONSCIENTE

Busca un lugar tranquilo donde no te interrumpan y programa un temporizador para el tiempo que prefieras, ya sean cinco minutos, diez o más. Incluso unos breves instantes pueden tener un impacto significativo.

- Siéntate en una postura cómoda y centra tu atención en la respiración. Visualiza las olas acariciando suavemente la orilla y luego retrocediendo. Sintoniza tu respiración con esta imagen rítmica para que tus pensamientos suban y bajen como las olas. Observa cada pensamiento y luego deja que se vaya suavemente con la corriente.

- Reflexiona sobre esta pregunta: «¿Quién soy en este momento?». Piensa en quién deseas ser. Deja que las respuestas afloren por sí solas; no las fuerces. Quizá te resulte difícil al principio y solo puedas mantenerlo durante un minuto, pero sigue adelante. No hay una cantidad de tiempo correcta o incorrecta. La transformación es un maratón, no un esprint.

Cuando deseas cambiar algo, primero tienes que reconocer que existe y que representa un problema. El primer paso para deshacerte de tus expectativas es admitir que las tienes, y luego identificar cuáles son.

Preguntas para la autorreflexión

- *¿Qué expectativas tienes de ti mismo?*
- *¿Qué esperas de los demás? (Si lo prefieres, anota nombres específicos.)*
- *¿Cuáles son tus expectativas respecto a los acontecimientos de tu vida, tus sueños para el futuro y el mundo en general? ¿Qué sientes cuando no los alcanzas?*

Herramienta n.° 2: reconéctate con lo que tu corazón desea

Para volver a abrir el corazón con valentía debemos cortar de raíz esa necesidad de buscar la validación en los demás. Lo que enlaza lo que verdaderamente anhelamos con lo que mostramos al mundo es el temor a ser juzgados y a que nos consideren insuficientes; esto nos lleva al rechazo y a la sensación de no ser lo suficientemente buenos.

CASO DE ESTUDIO

Desde niño, Shane siempre ha creído que es un fastidio. Es excesivamente responsable y le cuesta lidiar con cualquier tipo de conflicto. En sus relaciones llega un punto en el que finalmente se siente cómodo con su pareja y siente que lo comprende; sin embargo, cuando se abre, comparte su intimidad y se permite ser vulnerable y mostrar una faceta que rara vez revelase, le dicen que ya no quieren estar con él, que la relación no tiene futuro.

Entonces Shane siente mucha vergüenza y se culpa a sí mismo. Vuelve a su caparazón, se esconde y encierra su dolor por no sentirse suficiente. Se promete no volver a permitirse mostrarse vulnerable con nadie para no tener que enfrentar de nuevo a ese rechazo.

El NIÑO que creció sintiéndose un fastidio = el ADULTO que se preocupa por la opinión ajena y tiene miedo al rechazo.

Solo al superar ese miedo nos damos permiso para ser vulnerables, ya que es entonces cuando confiamos en nosotros mismos y creemos firmemente en que somos lo suficientemente buenos, sin depender de la aprobación de otras personas. Si bien no podemos influir en cómo se comportan los demás con nosotros, sabemos que podemos contar con nosotros mismos y expresar lo que realmente queremos. Puede que necesitemos hacer una pausa y reflexionar para llegar allí, pero confiamos en que todo irá bien.

Preguntas para la autorreflexión

Observa las siguientes preguntas para la autorreflexión y anótalas en un papel o léelas en voz alta para ti. A continuación tómate un momento para reflexionar detenidamente sobre cada una de tus respuestas. Puede que necesites varios intentos para descubrir lo que realmente deseas.

Responde con sinceridad. En este ejercicio no hay espacio para el miedo ni para la preocupación sobre lo que los demás puedan pensar sobre ti. Es un diálogo que quedará entre tú y el papel, así que exprésate libremente. Estas preguntas pueden aplicarse a cualquier tipo de relación en tu vida, no solo a las románticas.

- *¿Qué es lo que más anhela tu corazón? ¿Qué deseas con fervor?*
- *¿Qué comportamientos has adoptado para satisfacer tus necesidades, aunque sea mínimamente?*
- *¿Qué te hace sentir querido?*
- *¿Qué te impide comunicar a los demás lo que necesitas o deseas?*
- *Si no existiera el miedo, ¿cómo te gustaría que otra persona te quisiera? ¿Cómo demostraría alguien ese amor hacia ti?*
- *¿Qué es lo que realmente esperas de otra persona (ya sea familia, amigo o pareja)?*
- *Todos nos esforzamos para que nos quieran. ¿De qué manera te gustaría que te quisieran?*
- *¿Te inquieta la idea de mostrarte vulnerable? ¿Por qué? ¿Es porque te preocupa que te rechacen? ¿Piensas que serás «un fastidio»? ¿Quién te dijo que lo eres?*

Herramienta n.º 3: hazte amigo de tu miedo

El miedo es como una verdad incómoda, un elefante en la habitación: sabemos que está allí, pero preferimos ignorarlo por temor a las consecuencias de enfrentarnos a él. Cada persona tiene una relación distinta con su miedo, pero no podemos seguir evitándolo. La mejor forma de avanzar, como suele ocurrir en la vida, es entablar una amistad con él.

Tal vez te preguntes: «Lalitaa, ¿qué pasa? ¿Quieres que entable una amistad con mi miedo cuando me he pasado la vida evitándolo y buscando la seguridad?». Sí, eso es precisamente lo que te propongo. El elefante puede ser inmenso y atemorizante, pero está contigo en la habitación y no se va a ir a ningún lado. Puedes intentar evitarlo e ignorarlo, pero seguirá ahí. No puedes escapar de él.

Recuerda el paso 1, cuando hablamos del comportamiento dual de la AAF y cómo repercute en nosotros. ¿Cómo mostramos al mundo lo que creemos que quiere ver y nos comportamos de formas que nos brindan seguridad mientras negamos o evitamos lo que realmente deseamos y quiénes somos en realidad? Ese es el elefante.

Cuando sufres AAF no solo está en la sala contigo, sino que vive dentro de ti.

CASO DE ESTUDIO

Joyce tiene una amiga que suele llamarla para desahogarse sobre sus problemas amorosos. A Joyce le cuesta no atender las llamadas de su amiga porque no quiere que se enfade, así que siempre contesta, aunque eso le impida hacer lo que quiere o necesita hacer. Esta preocupación hace que Joyce siempre esté disponible, incluso cuando es perjudicial para ella.

Joyce atiende las llamadas porque prefiere hacerlo antes que enfrentarse al elefante en la habitación: el miedo a que su amiga se enfade por no estar disponible para ella. La aterra sentirse prescindible y piensa que podría perder la amistad por no ser lo suficientemente buena o por no estar siempre disponible para hablar. Sin embargo, si Joyce entablara una amistad con ese elefante, descubriría que es posible establecer límites sin sentir culpa. No pasa nada por no atender una llamada o decirle a su amiga que no puede hablar en ese momento. Joyce tiene derecho a priorizarse. Si su amiga realmente la valora, lo comprenderá.

La NIÑA que aprendió a sentirse culpable por disgustar a otros = la ADULTA que teme defraudar a los demás.

Entablar una amistad con el miedo puede parecer una misión imposible. Sin embargo, si tenemos en cuenta que la amistad muchas veces surge de poder comprender a la otra persona, el camino se vuelve un poco más claro. En primer lugar, identifica la raíz de tu miedo: ¿es temor al rechazo, preocupación por la opinión ajena o miedo a que las cosas salgan mal? Divídelo en partes. ¿Cuál es su verdadero origen?

Una vez que comprendas tu miedo, elige aceptarlo y convivir con él en lugar de huir. Créeme: una vez que entables una amistad con él te preguntarás: «¿Por qué huía de esto?». Entablar una amistad con tu miedo puede ser todo un desafío si nunca lo habías intentado antes, y quizá pueda resultarte abrumador al principio. Sin embargo, cuanto más lo intentes, más sencillo se volverá. Después de todo, el miedo es un mecanismo que el cerebro utiliza para mantenernos a salvo. La clave radica en comprender el miedo lo suficiente como para saber cuándo escucharlo y cuándo alejarse de él. Una vez que entiendas de dónde proviene tu miedo podrás encontrar tu propia manera de gobernarlo, y el elefante se convertirá en tu amigo.

Preguntas para la autorreflexión

Si eres sincero contigo mismo sobre el miedo que evitas, plantéate las siguientes preguntas:

- *Según el miedo, ¿qué es lo peor que podría ocurrir?*
- *¿De qué manera crees que este miedo te impide avanzar?*
- *¿Por qué crees que no has abordado el miedo?*

Herramienta n.° 4: reflexionar sobre las palabras que callamos

Las personas con AAF suelen guardar silencio sobre lo que realmente desean expresar, ya sea por temor al juicio ajeno o porque desde la infancia aprendieron que sus necesidades o pensamientos no merecían ser compartidos, ya que rara vez se los tenía en cuenta.

Está claro que no podemos decir cada cosa que pensamos constantemente, a menos que no nos importe ofender a todo el mundo. Hay una razón por la que existen el tacto y los buenos modales. Sin embargo, me refiero a esas palabras que tememos compartir, sea cual sea la causa. Es crucial hacer frente a esas palabras, prestarles la debida atención, aunque nadie más lo haga. Aceptar su existencia nos permite superar el miedo que nos limita.

Cuando pensamos en el miedo debemos comprender su verdadero significado. Muchas veces el temor se basa en evidencias falsas que parecen reales. Imagina que una vez, cuando eras más joven, te quemaste con un radiador caliente. No fue nada agradable, por lo que, para evitar volver a sentir ese dolor, el cuerpo ha creado una asociación de radiadores = precaución. No importa si los radiadores que te encuentres después están calientes o fríos; tu cuerpo reaccionará con cautela como si todos pudieran quemarte de nuevo.

Lo mismo ocurre con nuestras emociones. Si en la infancia expresaste tu opinión y fuiste objeto de burla, o si dijiste algo y te hicieron callar, puedes llegar a creer que no está bien mostrar tus emociones porque incomodas a los demás o eres un fastidio. Desarrollas una creencia sobre ti mismo y cómo actúas y te reprimes porque no quieres volver a sentir esa emoción que te lleva a la cautela: la vergüenza.

No es nada agradable sentir vergüenza; por lo tanto, evitas expresar tu opinión o ser «un fastidio» para no volver a experimentarla, de modo que terminas reprimiendo tus emociones.

Por eso es crucial abordar tu crianza y entender (sin culpar) cómo has experimentado el mundo y las creencias que has formado sobre ti, los demás y el entorno. Reflexionar sobre lo que no dices te ayudará a ver cómo te contienes para complacer a los demás. Cuando profundices en esta cuestión serás más consciente de cómo te comportas a diario y de lo sensible que eres al mundo que te rodea. Otro aspecto importante que hay que reconocer es cómo aprendemos a regular la vergüenza. En el pasado aprendimos a esconderla, pero no podemos seguir ignorándola.

CASO DE ESTUDIO

Laura lleva siete años con su pareja y tienen un hijo juntos. Últimamente ha empezado a sentirse molesta con su compañero y a veces le responde de manera cortante. Sin embargo, en cuanto muestra su enfado inmediatamente se retracta, pide disculpas y lo atribuye al agotamiento. Laura está eludiendo la verdad, que es su temor a molestar a su pareja porque piensa que él podría abandonarla si se harta de ella, una situación por la que ya ha pasado anteriormente.

Por lo tanto, Laura se contiene y se retracta de sus palabras coléricas, incluso cuando está realmente enfadada. Tiene miedo de expresar sus pensamientos y sus necesidades porque le preocupan las posibles consecuencias. Sin embargo, si Laura logra cambiar su perspectiva y entiende que expresar sus verdaderos sentimientos no implica que su pareja la vaya a abandonar, se dará cuenta de que merece expresar su verdad.

La NIÑA cuyas necesidades emocionales no se cubrieron = la ADULTA que teme molestar a los demás por miedo al abandono.

En cierto modo, esta herramienta combina los elementos de las herramientas 1 y 2, ya que requiere que te tomes un tiempo para reflexionar sobre tu verdadero yo. Piensa en las palabras que callas y por qué lo haces, y utiliza para ello las preguntas de autorreflexión que se presentan unas líneas más abajo. Piensa en aquellas ocasiones en las que no expresaste lo que querías y analiza los motivos. Si te preocupaba herir los sentimientos de alguien, pregúntate si realmente era por la otra persona o más bien por tu propio sentimiento de culpa sobre no querer molestar a alguien.

Trátate bien. Este proceso no es sencillo. Deja que esas palabras no expresadas emerjan y luego anótalas o pronúncialas para ti. Piensa en su significado, su origen y las razones por las que el miedo podría estar impidiéndote expresarlas.

Preguntas para la autorreflexión

- *¿Qué te gustaría comunicarle al mundo? ¿O a alguien en particular?*
- *¿Qué aspectos de ti estás reprimiendo? ¿Por qué lo haces?*
- *¿Qué es lo que te causa temor?*

Herramienta n.° 5: no luches contra el rechazo

Aceptémoslo: a nadie le gusta que lo rechacen. Es una emoción abrumadora. Recuerdo cómo lo evitaba durante mi infancia porque me hacía sentir que algo iba muy mal en mí. Cuando se padece AAF el rechazo puede llevar a una persona a sentir que no es lo suficientemente buena, pero esto es algo que debemos cambiar. El simple hecho de que alguien no esté de acuerdo con nosotros no quiere decir que no estemos a la altura.

Ocultar tu verdadero yo por miedo y transformarte en la persona que supones que otros desean que seas únicamente para evitar que te rechacen no es sostenible a largo plazo. Terminas perdiéndote a ti mismo en el intento, ¡simplemente porque no quieres que te rechacen! Es necesario redefinir la vulnerabilidad, aprender a interpretarla de otra manera y controlar cómo abordamos nuestra sensibilidad en el día a día. Profundizaremos en estos aspectos en el próximo paso.

Para mí el rechazo es una batalla interna. Crees que no eres lo suficientemente bueno y que los demás te ven de la misma manera, por lo que evitas involucrarte en situaciones en las que podrían rechazarte. Sin embargo, en realidad lo único que estás evitando es a ti mismo y tus propios deseos. ¡Es alucinante cuando lo pensamos así!

Al comienzo de este paso he compartido un fragmento de una conversación entre uno de mis clientes y yo. Aunque mi cliente al principio creía que su preocupación se debía a una presentación inminente, en realidad lo que lo inquietaba era el temor al rechazo de sus colegas. Ayudarle a comprender esto le permitió replantearse sus sentimientos en torno a la presentación y abordarla con más seguridad, sin que el miedo fuera un obstáculo.

CASO DE ESTUDIO

Simran está buscando trabajo. Ha enviado solicitudes a ocho empresas distintas, pero aún no ha recibido respuesta de ninguna.

Algunos amigos suyos, que también buscan trabajo, ya han conseguido entrevistas y están a la espera de respuesta. Simran se siente un fracaso y se cuestiona qué hay de malo en él y por qué no ha recibido noticias de las empresas a las que se ha postulado. Cree que es porque no causó una buena impresión y se siente rechazado. Sin embargo, la verdad es que hay muchas razones por las que Simran podría no haber tenido noticias sobre sus solicitudes de empleo, pero su visión limitada de sí mismo lo ha llevado directamente a un lugar en el que cree que es culpa suya porque piensa que no es suficiente.

> **El NIÑO que recibió críticas de manera constante = el ADULTO que se compara con los demás y siente que no está a la altura.**

Hay una cita célebre del emperador romano y filósofo Marco Aurelio que dice: «Lo que se interpone en el camino se convierte en el camino». Lo que esa frase quiere decir es que tenemos la capacidad de adaptarnos a los obstáculos que se nos presenten en el camino y, de esta manera, forjaremos uno nuevo. La elección sobre cómo responder es nuestra. El rechazo es uno de esos obstáculos. Si lo desglosamos, observaremos que es equivalente a la redirección. Cuando tememos el rechazo nos reprimimos. No podemos avanzar, no podemos ser quien realmente somos y no podemos superar el obstáculo. Lo único que hacemos es dar vueltas en círculos.

En esos momentos pregúntate lo siguiente: «¿Qué es lo peor que podría suceder si me rechazan?». No será agradable, porque el rechazo nunca lo es, pero entonces puedes optar por usarlo para impulsarte a avanzar en dirección a un camino distinto. Puedes seguir adelante. La presencia de un obstáculo en nuestro camino no significa que debamos detenernos. Podemos simplemente elegir otra dirección.

Preguntas para la autorreflexión

- *Reflexiona sobre una situación en la que te hayas sentido rechazado. ¿Podrías reencuadrarlo de otra forma, de modo que no se centre en ti?*
- *¿Hay algo que estés evitando hacer solo por el temor al rechazo?*
- *Si es así, ¿podrías abordarlo de otra manera? ¿O hay algún otro camino que puedas seguir?*

Herramienta n.° 6: exploremos tu pasado y descubramos cuáles son los detonantes

Cuando logramos distanciarnos del enfado inicial hacia nuestros cuidadores por no haber satisfecho nuestras necesidades también nos desvinculamos de la energía y la fuerza que residen en nuestro interior y las sustituimos por comportamientos que creemos que nos protegen, pero que en realidad lo único que hacen es limitarnos. Sentimos vergüenza y temor en vez de mostrar nuestro verdadero yo. Nuestras experiencias del pasado desencadenan comportamientos en el presente.

Volver a nuestra niñez y aprender a comprender nuestros patrones a través de los «detonantes» diarios puede revelar la ira reprimida. Sin embargo, la ira es una emoción secundaria y debajo de ella encontrarás heridas, tristeza y dolor. Eso nos conecta con la energía que hemos estado reprimiendo y nos permite adentrarnos más en las emociones que hemos enterrado en lo más profundo de nuestro ser. Este es un paso crucial en el proceso de sanación, ya que se ha demostrado que estas emociones no expresadas pueden manifestarse en el cuerpo como enfermedades físicas.

Una vez que procesamos la ira y el dolor, esta conexión libera la energía reprimida y la reintegra en nuestra psique. Nos sentimos más plenos, vivos, conectados y con los pies en la tierra. Podemos ahondar aún más y rescatar las cualidades positivas no expresadas que también hemos ocultado y a las que no hemos podido acceder. Al regresar al pasado y desaprender lo que sabemos se nos ofrece la oportunidad de redescubrir aspectos de nuestro ser que antes negábamos.

Imagina que alguien te fue infiel o rompió contigo en el pasado. Cuando empiezas otra relación cargas contigo el miedo al compromiso, bajo el cual yacen las heridas y el dolor de la relación anterior, especialmente si fue difícil de superar. Esto puede desencadenar comportamientos autodestructivos e impedirte construir relaciones significativas. Tal como sucede con la quemadura del radiador caliente, el dolor del pasado te lleva a evitar nuevos compromisos (al igual que con los radiadores) porque no quieres volver a sentirte así.

El NIÑO al que le rompieron el corazón = el ADULTO que tiene miedo al compromiso.

Si crees que tus amigos te excluyen de sus planes, o si un amigo te traicionó en el pasado, eso despierta la misma sensación de no ser lo suficientemente bueno y desencadena conductas como distanciarte de las personas para sentirte a salvo (o lo que tú consideras estar a salvo).

Ya has empezado a indagar en tu pasado al completar los pasos previos de este libro. Tal vez hayas descubierto eventos que te definieron o hayas identificado patrones de comportamiento autodestructivos que te limitan. Ese es el trabajo que debes continuar haciendo.

IDENTIFICA TUS DETONANTES

Reflexiona sobre alguna relación anterior, ya sea de amistad, profesional o amorosa, y pregúntate: «¿Por qué hice lo que hice? ¿Por qué decidí comportarme así?». Piensa las respuestas durante algunos minutos y trata de ver cuáles fueron los detonantes que desencadenaron tus acciones y reacciones. No te castigues, simplemente quédate con este nuevo conocimiento. Si es necesario, escribe tus respuestas.

Cuanto más profundizamos, más aprendemos sobre nosotros mismos, y cuanto más aprendemos, más entendemos por qué actuamos/sentimos de una determinada manera. Tener una mayor autoconciencia nos permite tomar decisiones positivas para nosotros mismos, controlar la culpa y la vergüenza y liberar el miedo que nos ha estado limitando.

Preguntas para la autorreflexión
- *¿Reconoces algún patrón recurrente en cómo te relacionas con los demás?*
- *¿Hay algo de tu pasado a lo que te aferras y que necesitas soltar?*
- *¿Qué has dejado de lado por temor?*

Herramienta n.° 7: desaprender las viejas normas

Como he mencionado antes, desarrollamos creencias sobre el tipo de persona que somos, qué esperar de la vida y cómo interactuar con otras personas a partir de nuestras experiencias de la infancia, y estas se transforman en las «normas» que rigen nuestra vida. Por ejemplo, si en la niñez experimentamos algún tipo de desdicha, dolor o adversidad, puede dejarnos una huella emocional y hacernos creer que no merecemos recibir amor. Esto puede llevarnos, inconscientemente, a intentar pasar desapercibidos cuando estamos con otras personas a causa de esa norma interna. Creemos que no somos dignos de ser amados y vemos cada interacción a través de esta lente.

Del mismo modo que comprender nuestro miedo nos permite superarlo, entender nuestros patrones de comportamiento y las normas que hemos interiorizado nos da la posibilidad de romperlas. Repetimos estos traumas pasados cíclicamente y generamos patrones que supuestamente nos brindan seguridad, pero en realidad lo único que hacen es condenarnos a revivir viejas sensaciones de tristeza, inutilidad e ira.

Solo cuando saquemos a la luz estos patrones y normas podremos modificarlos para que dejen de limitarnos. Entender la raíz de nuestro comportamiento y su influencia nos coloca en un espacio de introspección intuitiva donde podemos examinar con mayor objetividad nuestros patrones y normas y entender mejor su origen. Es el primer paso para ordenar las reglas que dirigen nuestra vida y alcanzar la libertad.

CASO DE ESTUDIO

Tamara está cenando con una amiga que le cuenta lo ajetreada que ha sido su semana y sus ganas de llegar a casa para ponerse el pijama y descansar. Cuando la camarera se acerca para retirar los platos y les ofrece postre, Tamara, consciente del cansancio de su amiga y de su intención de irse pronto, declina la oferta porque no quiere importunarla. Lo hace a pesar de que ha estado todo el día esperando disfrutar de un postre en su restaurante favorito, al que sabe que no podrá regresar en varios meses.

¿Por qué Tamara se priva de lo que realmente desea? No quiere imponerse ni ocuparle más tiempo del necesario a su amiga, así que le cede la decisión a ella. Tamara se siente cohibida por su deseo de caer bien y por no querer fastidiar a su amiga. Quizá podría haber dicho algo como «Entiendo que estás cansada y quieres irte a dormir, pero ¿te gustaría que pidiéramos un postre? He estado pensando en eso todo el día». Sin embargo, decidió renunciar a su antojo.

La NIÑA que recibió amor con condiciones = la ADULTA que teme ocupar espacio y ser rechazada.

En el primer paso analizamos cómo se manifiesta la AAF en distintos comportamientos. En el segundo indagamos en nuestras primeras experiencias de vida. A estas alturas deberías tener una noción de tus patrones de comportamiento y de dónde provienen. Si aún no la tienes, retoma esos pasos y dedica el tiempo necesario a identificar la raíz de tus comportamientos.

Una vez que hayas identificado tus patrones de comportamiento, es momento de hacer un esfuerzo consciente para liberarte de ellos. Requerirá tiempo. Puede que algunas veces no lo hagas bien. Incluso podrías necesitar ayuda externa. Pero lo importante es perseverar, seguir trabajando hacia esa comprensión. Llevar un diario para registrar tu trabajo puede ser útil, ya que allí podrás anotar no solo tus tropiezos, sino también tus logros y el progreso que has hecho.

Preguntas para la autorreflexión

Imagina que vives dentro de una caja.

- *¿Cuáles son las normas de esa caja?*
- *¿Cómo te muestras día a día?*
- *¿Cómo actúas frente a las personas? ¿Cómo te tratas a ti mismo?*
- *¿Cuáles son tus tres normas para la vida y cómo piensas que te limitan o te benefician?*

Herramienta n.º 8: establecer límites

Establecer límites implica, fundamentalmente, tomar decisiones sobre lo que sentimos que podemos afrontar o no en nuestra vida. Es importante que sepamos que los límites solo pueden establecerse para nosotros mismos; son una elección personal y no deben utilizarse para intentar controlar las acciones de los demás. La manera en que respondemos *es* el límite.

También es importante destacar que nuestros límites se basan en la autoestima. Si tenemos baja autoestima, como es el caso de muchas personas con AAF, o si buscamos la validación externa, nuestros límites lo reflejarán. Podemos llegar a tolerar situaciones que normalmente no aceptaríamos solo para sentirnos lo suficientemente buenos. Sin embargo, a medida que fomentemos el autorrespeto y mejoremos la relación con nosotros mismos, los límites evolucionarán y se fortalecerán.

A medida que desaprendemos las formas dañinas de apego dentro de nuestras relaciones también aprendemos a establecer nuevos límites. Ya no nos perdemos en el deseo de ser suficientes, ni en mostrarnos como creemos que la otra persona quiere que seamos. No nos conformamos con las migajas; queremos nuestra porción del pastel.

Por ejemplo, en una relación amorosa podrías acceder constantemente a los deseos de tu pareja, ignorando los tuyos, solo por evitar conflictos o enfrentarte al rechazo, o quizá pienses que tus necesidades no merecen ser atendidas.

El NIÑO que se sintió «un fastidio» mientras crecía = el ADULTO que teme expresarse por miedo a molestar a su pareja y que, en consecuencia, se aleje.

Sin embargo, cuando te liberas de este patrón empiezas a mostrarte de otra forma. Dejas de preocuparte por si eres lo suficientemente bueno o por si te rechazan y, en lugar de eso, actúas conforme a lo que consideras correcto y a cómo puedes comunicarte, lo que te lleva a cultivar relaciones más saludables. Esto puede aplicarse a todo tipo de relaciones, no solo a las amorosas.

Preguntas para la autorreflexión
Piensa en alguna relación que consideres importante en tu vida, ya sea de amistad, amorosa o profesional. Analízala objetivamente. Luego responde a las siguientes preguntas. Piensa no solo en cómo actúa la otra persona, sino también en tu propio comportamiento. Responde con sinceridad. En otro momento he sugerido escribir las respuestas porque realmente creo que puede aportar claridad; sin embargo, el simple hecho de reflexionar sobre estas cuestiones te acercará más a la verdad.

- *¿Crees que tus necesidades tienen la misma importancia dentro de la relación?*
- *¿Logras expresarle a la otra persona tus verdaderos sentimientos?*
- *¿Qué límites has establecido? ¿Cuáles desearías modificar o establecer?*
- *¿Qué es lo que más te preocupa de la relación?*
- *¿Qué patrones de relaciones anteriores estás repitiendo?*
- *¿Hay algo que te gustaría cambiar en la relación?*

Herramienta n.° 9: reconoce tu valor

No opaques tu brillo intentando sentirte «suficiente» para las personas a tu alrededor. No puedes esperar que todos te entiendan o conecten contigo. Aceptarlo cambiará tu manera de actuar. No tienes por qué tomarte de manera personal el modo en que los demás se comportan contigo.

Esta es tu oportunidad para encontrar el poder que tienes dentro y dirigir tu vida, para sentirte más anclado en el suelo desde tu interior. Imagina que intentas derribar un árbol (ya sé que no lo harías, pero espera un poco), pero te das cuenta de que no puedes porque sus raíces están profundamente ancladas en la tierra. ¡Tú también puedes ser así! Utiliza esta y otras herramientas para descubrir tu fortaleza interna y el sentido de la independencia que te ayudarán a obtener un nuevo rumbo o propósito.

Como he mencionado anteriormente, a veces es difícil desprenderse de las estructuras y las maneras de ser que ya conocemos, incluso si ya no nos sirven. Sin embargo, estas estructuras te mantienen en las sombras. Es hora de salir a la plenitud de tu propia luz y ser quien realmente eres. Tienes mucho más que ofrecer, así que no te reprimas más.

CASO DE ESTUDIO

Cada vez que Rohit sale con sus amigos se ofrece a conducir. A veces les pide a los demás que conduzcan, pero siempre terminan pidiéndole a él que lo haga, y él acepta para no disgustarlos.

Rohit siempre termina agotado después de estar el día entero llevando a sus amigos de un lado a otro. Además, sus amigos conversan sobre temas que a él no le interesan, pero trata de participar en la charla para no sentirse excluido. Sin embargo, al no expresarles cómo se siente realmente siendo siempre quien conduce o al no conversar sobre temas que le interesen, Rohit está opacando su brillo, solo porque le preocupa molestar a sus amigos. No está reconociendo su propio valor.

El NIÑO que recibió amor con condiciones = el ADULTO que opaca su brillo para encajar y sentirse aceptado.

Te aseguro que *eres* suficiente. Que tienes todo lo que necesitas dentro de ti. Que el pasado ya no tiene por qué limitarte. Tómate un momento para estar a solas contigo. Mírate al espejo, o simplemente cierra los ojos, y repítete: «Soy suficiente. Soy capaz. Soy valioso. Elijo brillar con mi propia luz». Recuerda todo lo que has logrado. Ya no necesitas ocultarte.

Preguntas para la autorreflexión

- *¿En qué momentos notas que te reprimes?*
- *¿En qué momentos notas que opacas tu brillo? ¿Hay alguna persona en particular ante la cual tiendes a hacerlo? Y, si es así, ¿qué crees que tiene esa persona que hace que te comportes de esa manera?*
- *¿Qué es lo que te preocupa de lo que los demás puedan pensar sobre ti?*
- *¿Qué es lo peor que alguien podría decir sobre ti? ¿Por qué te parece importante?*

Herramienta n.° 10: sé sincero contigo mismo

La única manera de empezar a cambiar es siendo honestos con nosotros mismos. Y me refiero a una honestidad verdadera y profunda. Esto no concierne a nadie más que a ti. Solo tú puedes hacer esto por ti mismo. Como ya he mencionado, a veces este proceso será complicado, ya que este tipo de autoanálisis puede sacar a relucir viejos problemas, conflictos profundos que has intentado mantener ocultos. Sin embargo, enfrentarse a esos problemas y no esconderlos más es la única forma de liberarnos. Sin embargo, llegar hasta ese punto implica honestidad de tu parte y que dejes de huir.

El desafío de padecer AAF es que partimos de la base de tener baja autoestima y el deseo de complacer a los demás. Prácticamente nos hemos olvidado de cómo sienta ser sinceros con nosotros mismos. No obstante, si volvemos a esa mariposa que está en su crisálida esperando el momento de salir, se hace evidente lo esencial que es este período de introspección profunda y sincera para evolucionar hacia nuestra mejor versión. Es nuestra oportunidad de reconciliarnos con las heridas del pasado y los patrones del presente; de admitir, por difícil que sea, que no somos perfectos. Nadie lo es. Aceptarlo es dar un paso para volver a sentir ese poder y esa confianza en nosotros mismos que nuestras primeras experiencias anularon.

CASO DE ESTUDIO

Sam, que durante años se adaptó a los deseos de otros y nunca tomó decisiones por su cuenta, ahora debe decidir a dónde quiere ir, qué quiere hacer y qué le gusta. Se siente sobrepasada por estas decisiones, ya que no sabe lo que quiere. Pero esto es normal. Plantéatelo como si estuvieras conociendo a alguien nuevo: no puedes esperar saberlo todo de inmediato, y lo mismo sucede cuando descubres una nueva versión de ti. Parte del viaje de la vida consiste en ser paciente y aprender en el camino. No hace falta tener todas las respuestas.

La NIÑA que nunca sintió que podía expresar sus deseos = la ADULTA que se siente agobiada y no puede defender sus necesidades.

Cada herramienta de este paso es un ejercicio de honestidad contigo mismo. Por lo tanto, si has trabajado con las herramientas 1-9, ya has profundizado bastante. Ahora la clave es seguir adelante. Sé honesto en tus interacciones, en cómo te presentas al mundo, en cómo te hablas a ti mismo. Deja atrás las mentiras que te decías para sentirte seguro; cosas como «No soy lo suficientemente bueno», «Mis sentimientos no importan», «Será mejor que no haga eso». Lo único que hacen es limitarte.

UN TABLERO DE INSPIRACIÓN PARA LA REFLEXIÓN PERSONAL

Es el momento de desplegar la creatividad y crear un tablero de inspiración. Coloca tu nombre en el centro de una cartulina o papel y agrega alrededor palabras e imágenes que sientas que representan quién eres (puedes recortar imágenes de revistas o añadirlas digitalmente si lo haces en línea).

Imagina que vas a presentar este tablero a alguien; es crucial que muestres cómo te percibes a ti mismo. Puede ser abrumador al principio, especialmente si nunca has hablado realmente sobre ti. Pero ¿sabes qué? Es hora de enfrentarte al miedo y mostrarte tal como eres.

Y ahí lo tienes. La caja de herramientas que te servirá de apoyo mientras das tus primeros pasos para aprender a soltar, elegir la honestidad, establecer límites saludables y sentirte lo suficientemente bueno.

RESUMEN DEL PASO 3

Tómate un momento para felicitarte por haber llegado al final del paso 3. Si has trabajado en las preguntas de autorreflexión, habrás abordado una buena parte de tu lado oscuro, lo cual no es tarea fácil. Sin embargo, este paso es muy importante en tu proceso de integrar los dos lados de tu ser y vivir una existencia libre de miedo, reglas limitantes y dudas sobre ti mismo. Es el momento de dejar caer las viejas estructuras que te atan para dejar espacio para lo nuevo. El aprendizaje no termina aquí. En el paso 4 seguiremos trabajando con esta nueva versión de ti. Si, como muchos de mis clientes, todavía no estás seguro de quién es esa persona, no pasa nada. Tómate tu tiempo. Quédate en la crisálida hasta que llegue el momento de emerger. Todavía nos queda un largo camino que recorrer. ¿Listo para salir a la luz?

PASO 4

Acepta tu sensibilidad y recupera la confianza en ti mismo

En los primeros tres pasos hemos hablado de cómo la infancia nos ha formado y del hecho de que las personas con AAF suelen ser extremadamente sensibles. En este cuarto paso quisiera ahondar en lo que significa ser «extremadamente sensible».

Una persona con esta característica tiende a experimentar las emociones de manera más intensa, tanto las positivas como las negativas. Si bien los picos pueden ser de gran alegría, los valles pueden presentar retos que impactan en los niveles de estrés, las relaciones y la capacidad para afrontar dificultades. Con la AAF hemos aprendido a esconder nuestro lado más sensible porque pensamos que es excesivo, cuando en realidad es la parte de nosotros que contiene la sabiduría de la sensibilidad. Esta sabiduría es la que nos permite entablar relaciones más profundas y valiosas.

Para mí todo cambió cuando comprendí esto. Pude dejar de vivir en la mente; dejé de contarme historias para llenar los huecos. Dejé de huir de mi sensibilidad y, en cambio, comencé a abrazar lo que realmente sentía. Por eso el siguiente paso en el proceso es aceptar tu sensibilidad.

Darle espacio a la sensibilidad

Analicemos qué significa la sensibilidad. Fundamentalmente es una conexión con el entorno a través de los sentidos, una experiencia universal humana. Si somos más sensibles de lo normal, o extremadamente sensibles, podría deberse a que tenemos una mayor sintonía con las personas y una capacidad para percibir sutilezas, como cambios en el tono de voz o en la gestualidad.

Sin embargo, si no comprendemos nuestra sensibilidad, tendemos a interpretar cualquier cambio en los demás como un reflejo de nuestros errores. Notamos un cambio en alguien = Hemos hecho algo mal. Esta es la fórmula que debemos cambiar.

En el paso 2 expliqué que sentía que mi familia no podía brindarme un espacio seguro y que, como resultado de ello, decidí minimizarme. En el paso 3 indagamos más en nuestras experiencias de la infancia y fuimos quitando capa tras capa para revelar nuestros núcleos sensibles y los miedos bajo los que vivimos para tratar de protegernos. Lograr entenderlo mejor nos da las herramientas que necesitamos para enfrentarnos a los desafíos con fortaleza. En la vulnerabilidad de la sensibilidad reside la fuerza para superar la vergüenza, que convierte los susurros de duda en una sinfonía de empoderamiento.

En el paso 4 aprenderemos a mantener nuestra sensibilidad y darle el espacio que merece. No vamos a ocultarla, sino que vamos a permitir que emerja, titilante, de las sombras a la luz. Puede que duela, porque todo es muy reciente y la herida todavía está en carne viva, pero el malestar será pasajero. Te lo mereces, especialmente después de haber convivido durante años con la ansiedad, la culpa y la vergüenza que ahora estás aprendiendo a soltar.

En vez de refugiarte en la incertidumbre y el temor, aprenderás a confiar en ti. Escucharás lo que tu sensibilidad intenta comunicarte en lugar de las historias nacidas del miedo. Este es tu momento de brillar, sin que el miedo constante te eclipse. El miedo ya no está en el asiento del conductor; ahora conduces tú.

El miedo sigue presente, como un pasajero al que puedes elegir escuchar, pero eres tú quien tiene el control.

Abraza tu sensibilidad con el corazón abierto, pues es la llave para desentrañar los tesoros de la empatía y la conexión profunda.

Vence la vergüenza y descubrirás la fuerza para brillar, sin remordimientos, como el alma vibrante que siempre estuviste destinado a ser. La regla de oro aquí es la siguiente: no te tomes como algo personal los cambios que observes en los demás. Lo que cada persona experimenta es su propio recorrido y su camino, y tu reacción a ello solo te pertenece a ti. Rompe el lazo emocional. Deja que los demás sean. La tarea consiste en observar y crear un espacio, un lugar donde sea posible recibir comentarios y evaluarlos de forma crítica en lugar de tomárselos a la tremenda; un espacio donde esos comentarios puedan aportarte algo y donde también puedas identificar cuándo no se dirigen a ti.

Crear espacio nos invita a ser indulgentes con nosotros mismos, a aceptar nuestra humanidad y a desarrollar la capacidad de asumir la responsabilidad sobre nosotros mismos. También nos impulsa a levantarnos y a no permitir que nuestro valor se defina por las historias que inventamos para llenar los huecos.

No hay nada de malo en ti

Lo diré bien alto para que me oigan los del fondo: NO HAY NADA DE MALO EN TI. ¡ERES SUFICIENTE! He mencionado en varias ocasiones que los clientes con AAF suelen sentir que algo no va bien, aunque no saben exactamente qué es. Es muy triste vivir así, de una forma en que cada acción o interacción con alguien está cargada de una profunda preocupación por estar haciendo algo mal, o por el temor a lo que puedan pensar de ti. ¿Cómo puedes «simplemente ser» cuando tienes este cable de preocupación que te conecta constantemente con los demás? Las personas con AAF tienen dificultades para creer en sí mismas.

Las personas extremadamente sensibles, como quienes padecemos AAF, tendemos a pensar que algo no funciona bien en nosotros o que hemos hecho algo mal cuando alguien no nos da lo que necesitamos. Directamente nos sumergimos en la sensación de que nos falta algo, lo cual refleja cómo nos sentimos con respecto a nosotros mismos.

Es como si nuestra creencia fundamental se trasluciera y se proyectara en el mundo exterior. Esto, a su vez, se manifiesta en los comportamientos propios de la AAF que ya he descrito: terminamos enredándonos en un intento por satisfacer nuestras necesidades, cuando en realidad no podemos controlar cómo responden a ellas los demás.

Lo que debemos hacer es replantearnos esta manera de pensar y deshacer los nudos. Más que preguntarnos de entrada «¿Qué me pasa?», tenemos que cambiar nuestros pensamientos de manera consciente, tratar de entender qué es lo que realmente está sucediendo en una situación determinada y mostrar interés por saber a qué podríamos estar reaccionando.

Esto no sucederá de un día para otro; lleva tiempo y habrá momentos en los que, inevitablemente, volverás al antiguo patrón de «¿Qué me pasa?». No seas tan severo contigo mismo cuando esto ocurra, ya que es parte del proceso. Ahora cuentas con la autoconciencia y las herramientas necesarias para salir adelante y pensar de otra forma.

Manejar la sensibilidad

De niña aprendí que debía desconectarme de mi sensibilidad porque no sabía cómo atenderla. Intenté reprimirla, lo cual terminó convirtiéndose en una lucha entre mi sensibilidad y yo. Me sentía frágil por experimentar y mostrar mis emociones, así que fingía que no existían, pero al mismo tiempo me sentía desconectada por dentro.

Por ejemplo, cuando estaba molesta aprendí a ocultarlo porque temía que me rechazaran o me juzgaran, ya que en mi familia no era habitual expresar enfado. Establecí esa norma a raíz de esos sentimientos porque temía ser vulnerable. Encontré una manera temporal de lidiar con ello y, al mirar atrás, le ofrezco compasión a esa versión de mí que erigió esos muros. Entiendo que lo hizo con las pocas herramientas y el escaso conocimiento que tenía en ese momento: encontró una forma de sobrevivir. Lo único que quería era que me quisieran y me cuidaran. Pero también necesitaba que los demás me aceptaran para poder sentir que era lo suficientemente buena. Esto me llevó a estar siempre atenta a cómo reaccionaban las personas ante mí, y esos comportamientos se convirtieron en patrones que se mantuvieron hasta la adultez.

Permíteme ponerte un ejemplo de mi sensibilidad agudizada. Una vez estaba hablando con una amiga sobre lo que había estado haciendo en los últimos tiempos, las dos muy inmersas en la conversación. Sin embargo, cuando me llegó el turno ella sacó su móvil, alegando que tenía que verificar algo. Lo interpreté como un «no le interesa lo que le estoy contando», así que dejé de hablar de mí y redirigí la conversación hacia ella de nuevo.

Este intercambio reafirmó mi creencia de que «no soy lo suficientemente relevante para ocupar espacio» o «a la gente no le importo», lo cual alimentó mi sensación de no ser suficiente. ¿Ves cómo terminé en un lugar en el que me pareció necesario ajustar mi comportamiento porque mi amiga se mostró «inaccesible» cuando sacó su móvil? La cuestión es que hay muchas formas de gestionar las relaciones que no implican cerrarnos u opacar nuestro brillo.

Mi viaje hacia el cambio empezó cuando, en vez de reaccionar y sacar conclusiones apresuradas, escuché lo que estaba sintiendo. Mis sentimientos y mis pensamientos me generaron curiosidad. Estaba dispuesta a entenderme en lugar de avergonzarme. Y necesito compartir contigo la importancia de ser paciente contigo mismo. Me frustraba haber adquirido este conocimiento, pero aun así de vez en cuando caía en lo que yo denomino «el pozo de la perdición» (aunque cada caída revelaba una nueva capa de aprendizaje y compasión).

En la actualidad, en lugar de suponer que algo anda mal en mí, reflexiono sobre mi experiencia y me cuestiono qué me hace sentir así. Recordando el ejemplo con mi amiga, ahora diría: «Me gustaría seguir contándote cosas sobre mí, pero has sacado el teléfono y eso me ha distraído y, al parecer, a ti también. ¿Necesitas un momento para ponerte al día y luego seguimos hablando?».

Por supuesto, lo que otra persona podría decir en una situación similar dependerá de la relación que tenga con su amiga y de otras experiencias previas. Sin embargo, lo importante es que tenemos el control y podemos utilizar el impulso de nuestra sensibilidad para guiarnos a la hora de gestionarla. Podemos elegir alejarnos de nuestra reacción automática y, en la mayoría de los casos, encontraremos una manera de dirigir y desarrollar las conexiones profundas que deseamos.

Salir del pozo de la perdición

A continuación tienes otro ejemplo de cómo podemos intentar gobernar mejor la sensibilidad agudizada de la AAF. Imagina que estás charlando con un amigo pero notas que no interactúa contigo como suele hacerlo.

- **Reacción sensible automática:** Tu amigo no te valora; hablas demasiado y lo estás perdiendo. Has hablado más de la cuenta y piensa que eres tonto.
- **Realidad:** Tu amigo tiene una fuerte resaca después de una noche intensa y, aunque te tiene mucho cariño, no dispone de la energía habitual para conversar.
- **Solución:** En lugar de optar por la reacción sensible automática, presta atención a lo que tu sensibilidad te indica. Pregúntale a tu amigo si está bien en vez de ser tan crítico contigo mismo.

En las profundidades de la oscuridad encontramos la fuerza para salir del pozo de la perdición y emerger hacia la luz de la esperanza y la resiliencia. Desde luego, manejar nuestra sensibilidad es más sencillo de decir que de hacer y, como todo, necesitaremos práctica para acostumbrarnos a incorporarla en nuestra vida.

Habrá momentos en los que caigas en el pozo de la perdición, y es importante que seas consciente de cómo te tratas a ti mismo y qué te dices cuando eso ocurre, ya que aquí hay otra capa de crecimiento. Recuerda que nadie es perfecto: eres humano y durante años has tenido unas expectativas demasiado altas sobre ti mismo, así que, obviamente, cuando las cosas no salen exactamente según lo planeado es posible que vuelvas a pensar que algo no está bien en ti. Sin embargo, tú decides si sigues bajando a ese pozo o si tomas otro camino.

Es posible que cada vez que esto ocurra te hundas menos en el pozo antes de percatarte de lo que está pasando. Eso quiere decir que estás creciendo.

El crecimiento no siempre proviene de las acciones; también puede tener su origen en tu conciencia de la situación y en tu comprensión de qué es lo que realmente está sucediendo para ti.

Todavía habrá ocasiones en las que malinterpretes una situación o recurras a tus viejas reacciones, y eso te dirigirá hacia el pozo, pero forma parte del proceso. En la danza de los desafíos de la vida podemos optar por dar un paso atrás y alejarnos del borde del pozo, abrazar la conciencia para liberarnos de su control y crear otro camino hacia la resiliencia y el crecimiento. En la maraña de la desesperación, deja que el coraje sea tu guía mientras te liberas y descubre la luz radiante que te espera más allá.

Veamos otro ejemplo. Imagina que un día llegas a casa del trabajo y tu pareja no te da un abrazo. De inmediato, tu mente se acelera y piensas: «¿Habré hecho algo mal? Ha estado muy callado últimamente. Quizá ya no me quiere».

Este es el primer paso hacia el pozo de la perdición y, cuanto más profundizamos, más historias nos inventamos. «Seguro que lo molesté cuando le hablé de mi trabajo. Si me deja, tendré que volver a casa de mis padres. Sabía que no era lo suficientemente buena; tendría que haber hecho más [insertar aquí cualquier variable].»

Como resultado de estos pensamientos podemos terminar cerrándonos o alejándonos de nuestra pareja con la idea de protegernos. Pero ¿ves que hemos *creado* estos escenarios que no existen? Nuestra sensibilidad ha percibido que nuestra pareja no está bien, pero en lugar de preguntarle: «Oye, hoy no me has dado un abrazo. ¿Está todo bien?», hemos optado por volver a los viejos patrones, quedarnos atrapados en nuestra imaginación y empeorar la situación.

Sin embargo, incluso si te encuentras a medio camino del pozo, aún estás a tiempo de salir. Lo único que necesitas es tener la conciencia suficiente para decirte a ti mismo: «Espera un momento. Quizá esto no va conmigo». En lugar de permitir que tu sensibilidad te lleve por el camino equivocado, date cuenta de que realmente está tratando de ayudarte a entender que algo no está bien, y entonces opta por comunicarlo.

La AAF y los límites sanos

Al igual que las cercas protegen y mantienen la seguridad, establecer límites personales claros te protegerá y dejará fuera las energías que no te benefician. Sin embargo, es importante recordar que no puedes imponerles límites a los demás. Los límites son tus propias respuestas ante el comportamiento ajeno mientras decides lo que aceptas y lo que no en tu vida. Ha llegado el momento de aprender a priorizarte sin sentirte egoísta. Solo tú eres capaz de definir tus propios límites, y estos pueden modificarse a medida que vas evolucionando. Los límites son como un músculo: cuanto más los ejercitas, más se fortalecen.

En el pasado podría haberme aferrado a situaciones que no me favorecían solo por miedo. Sin embargo, ahora entiendo que es fundamental soltar y avanzar cuando es necesario. Por supuesto, a veces todavía siento ese leve cosquilleo de duda, el «¿y si...?» que resuena en la mente, pero ya no me lleva a aferrarme con más fuerza. Si noto que quiero hacerlo, me siento a reflexionar para encontrarle el sentido. Mis límites se han fortalecido porque dedico tiempo a comprender mis necesidades antes de actuar en consecuencia.

En el vaivén de la vida, establecer límites nos ayuda a cimentar una base sólida de autocuidado y conexiones significativas.

En el paso 1 analizamos siete tipos distintos de lo que yo denomino comportamiento dual de la AAF. Para cada uno de ellos presenté un caso de estudio de una clienta, «Sara». Podemos utilizar estos ejemplos y el caso de estudio para explorar cómo establecer límites saludables: veamos cómo, después de reconocer ciertos patrones de comportamiento, podemos establecer límites que nos ayuden a cambiarlos.

Tipo de comportamiento n.º 1 de la AAF

La persona excesivamente responsable frente a la que puede abarcarlo todo

Sara, mi clienta, se sentía abrumada por el excesivo volumen de trabajo que tenía; sin embargo, cuando analizamos la situación descubrimos que muchas de esas tareas en realidad correspondían a otras personas y eran responsabilidades que ella había asumido porque se sentía culpable por decir «no». Incluso llegó a encargarse de todo el trabajo de un compañero durante su baja por enfermedad, lo que la llevó a sentirse completamente exhausta. Actuó de esa forma porque quería que la vieran como una persona capaz de «hacer todo» y también porque quería hacer sentir bien a los demás.

El límite

Aquí entra en juego la palabra «no». Es curioso cómo una palabra tan breve puede resultar tan complicada de pronunciar para muchos. Nos preocupa cómo se sentirán los demás y no nos paramos a reflexionar sobre nuestros propios sentimientos. Muchas veces decimos «sí» porque no queremos que crean que no estamos a la altura o sentir que estamos defraudando a alguien. Nos comprometemos a realizar tareas innecesariamente, aun cuando ya estamos desbordados, simplemente porque no queremos que crean que somos «inferiores» de alguna manera.

Siempre uso el mismo ejemplo para ilustrar esa idea: si tú no dejas la puerta de tu casa abierta para que cualquier persona pueda entrar, ¿por qué dejas que otros invadan tu tiempo y tu espacio en la vida real? Decir «no» es uno de los actos más poderosos que puedes llevar a cabo: establece un límite firme y te permite expresar tus verdaderos sentimientos sobre una situación. Todo eso en una palabra de una sola sílaba. Bastante potente, ¿verdad?

ESTABLECER EL LÍMITE

Intenta utilizar la palabra «no» en alguna de tus interacciones diarias. Es importante que la uses únicamente cuando te pidan algo que exceda tus responsabilidades o competencias. Aunque al principio pueda resultarte extraño, con la práctica te irás acostumbrando. Al principio el sentimiento de culpa puede ser intenso, pero permítete sentir y dejar que las emociones fluyan. Puedes hacerlo.

Tipo de comportamiento n.º 2 de la AAF

La persona controladora frente a la que sobresale

En su trabajo todos veían a Sara como una líder y una empleada sobresaliente. Aunque la realidad era que ella le daba muchas vueltas a cada pensamiento y eso le generaba ansiedad y una incapacidad para mantener un equilibrio saludable entre su vida laboral y personal. Trabajaba incansablemente solo para cumplir con esas expectativas externas y se pasaba el día pensando en todos los escenarios posibles, hasta el punto de que su calidad de vida se empezó a deteriorar.

El límite

La importancia de establecer un límite entre el trabajo y la vida personal es un tema recurrente, pero no siempre queda claro cómo debemos hacerlo, especialmente en este mundo digital que nunca duerme. Los límites entre el trabajo y la vida personal pueden incluir lo siguiente: fijar una hora cada día después de la cual no se pueden revisar correos electrónicos laborales ni responder llamadas de trabajo (siempre informando a los clientes y compañeros mediante respuestas automáticas), procurar ceñirse al horario laboral tanto como sea posible y reservar un tiempo específico cada semana para actividades de ocio.

ESTABLECER EL LÍMITE

Si tiendes a pensar demasiado, programa una cita contigo mismo (y sí, agéndala en el calendario) y establece un tiempo para pensar en el tema que te ocupa. Después, cada vez que te venga a la mente recuérdate: «Pensaré en ello a la hora de mi cita». Repite este proceso tantas veces como sea necesario. Cuando llegue el momento de la cita dedica diez minutos (o el tiempo que quieras) al tema y luego déjalo pasar.

Tipo de comportamiento n.º 3 de la AAF

La persona perfeccionista frente a la trabajadora incansable

Sara se imponía expectativas exageradamente altas y cuando no las cumplía se castigaba mentalmente. En su primera sesión de terapia me confesó que deseaba que la «arreglaran» porque las cosas no le salían bien.

El perfeccionismo es un aspecto característico de la AAF porque refleja cómo queremos que los demás nos vean; básicamente, queremos complacer a otras personas. Como abordamos en el paso 2, ese es uno de los comportamientos que aprendemos cuando somos jóvenes para protegernos. Sin embargo, vivir persiguiendo la aprobación ajena para sentirnos válidos es inviable. Al final terminas viviendo para satisfacer a otros y para lo que supones que piensan de ti, con lo que acabas perdiendo, poco a poco, la conexión contigo mismo.

El límite

Debes establecer este límite contigo mismo y comprometerte a respetarlo. Los perfeccionistas son extremadamente autoexigentes; se imponen expectativas muy altas y temen que los perciban como fracasados, lo que los lleva a querer controlar cada aspecto de su vida. Sin embargo, esta actitud no es realista y no favorece una salud mental sostenible. Por lo tanto, el límite que debes establecer es el de la amabilidad contigo mismo.

Acepta que algunas veces fracasarás y que habrá situaciones que estarán fuera de tu control, de modo que, cuando ocurran, intenta mostrarte compasión. Presta atención a cómo te hablas cuando las cosas escapan de tu control, pues en esas situaciones se producirá tu aprendizaje.

Hasta ahora lo has hecho lo mejor posible con las herramientas que tenías. Ahora cuentas con nuevas herramientas que quizá no sepas manejar tan bien como las de antes, pero te prometo que te serán de ayuda. También te permitirán celebrar tus logros en lugar de obsesionarte con lo que no has conseguido. Observa lo que ya tienes en el vaso en vez de enfocarte en cómo lo llenarás.

ESTABLECER EL LÍMITE

Si padeces AAF, es probable que en este momento haya algo que te descontenta y sobre lo cual estás pensando en exceso. Quizá no has logrado ese ascenso que deseabas, o has defraudado a alguien a pesar de haberte esforzado mucho, o tal vez no tengas tiempo para terminar todas las tareas porque te has impuesto expectativas demasiado altas. Tal vez tu apariencia no sea la que deseas. O te comparas con otras personas que parecen tener la vida resuelta y te criticas por no ser como ellos. ¡PARA! En lugar de castigarte, prueba esto: coloca la mano sobre el corazón, siente cómo late y, con tu lado compasivo, convéncete de que todo está bien. Y *créetelo*. Recuerda todo lo que has tenido que vivir para llegar hasta donde estás hoy.

No has conseguido el ascenso, pero tu desempeño ha sido suficiente para que te tengan en cuenta. Quizá tu pelo no sea como el de algunas de las personas que ves en Instagram, pero tienes una sonrisa preciosa. Recuerda: la vida constantemente nos presenta desafíos, pero lo importante es cómo respondemos ante ellos. Es como intentar atrapar el agua de un grifo abierto: nos frustramos porque, simplemente, no es posible. Además, no siempre podemos aferrarnos a lo que deseamos en la vida. Hay que dejarlo fluir.

Tipo de comportamiento n.° 4 de la AAF

La persona que se preocupa excesivamente frente a la persona imperturbable

Aunque a simple vista Sara parecía tener éxito y control sobre su vida, me confesó que sentía que su cerebro estaba «siempre activo», que se preocupaba constantemente por lo que otros pensaban de ella o por lo que podría ocurrir en una determinada situación. Esta preocupación constante, tan característica de la AAF, nace del miedo y de un aluvión de preguntas del tipo «¿y si...?» que la mente ansiosa formula sin parar. Esta ansiedad puede intensificarse hasta dejarnos exhaustos y agobiados, incapaces de gestionar nuestros pensamientos.

El límite

Salir de la espiral de pensamientos intrusivos puede ser difícil y a veces es necesario recurrir a ayuda externa para conseguirlo. Sin embargo, aunque no puedas controlar las ideas que irrumpen en tu mente, sí tienes la capacidad de decidir cuánta atención les prestas. A medida que la conciencia y la comprensión de nuestros patrones de comportamiento van creciendo nos resulta más sencillo detectar en qué momento nuestros pensamientos tratan de desestabilizarnos.

Establece un límite para prestar menos atención a tus pensamientos. Puede parecer difícil y abrumador al principio, pero con la práctica se hará más llevadero. Del mismo modo que aprendiste a pensar de una manera determinada, también puedes aprender a hacerlo de otra.

ESTABLECER EL LÍMITE

Este ejercicio es parecido al del tipo n.° 1 de comportamiento de la AAF, ya que implica decir «no». Sin embargo, esta vez el «no» es mental, no físico. Practica decir «no» con convicción. Visualízate levantando la mano, cerrando una puerta o cualquier otra imagen que te funcione. Hazlo hasta que te salga de forma natural. De este modo, la próxima vez que comiences a caer en la espiral de pensamientos de preocupación, dile «no» a tu mente, tal como has practicado, y observa qué sucede.

En mi práctica profesional a veces hago referencia a un elemento de la película de animación *Del revés* para ilustrar cómo establecer este límite (si no la has visto, te recomiendo que lo hagas, ya que tiene escenas muy profundas). La protagonista de la película atraviesa distintas emociones y cada una de ellas está representada por un personaje distinto. Uno de esos personajes es Miedo, siempre alerta ante el peor escenario posible.

Te animo a que crees un personaje para tu miedo. Así, cuando aparezca podrás recordarle con empatía que todo va a salir bien. Esto forma parte de la autocompasión y la autorregulación emocional. Exteriorizar el miedo es útil porque, en vez de quedar atrapado en la mente, se puede descomponer y, de este modo, procesarse y gestionarse más fácilmente. Incluso podrías plasmarlo por escrito. Haz dos columnas, una para tu miedo y otra para tu compasión, y entabla un diálogo contigo mismo desde estas dos facetas de tu ser.

Tipo de comportamiento n.° 5 de la AAF

La persona temerosa frente a la persona exitosa

Sara se culpaba a sí misma cuando las cosas no salían como esperaba, y de este modo terminaba acumulando un archivo mental de todas las veces que creía que había fracasado, que revisaba como si fueran gemas defectuosas. Se irritaba y se enfadaba consigo misma, y pasaba el tiempo pensando en todo lo que podría haber hecho de otra manera para cambiar una situación determinada, aunque ya hubiera pasado mucho tiempo.

Imagina tener un archivo mental así, en el que guardas todas esas cosas que crees que te hacen insuficiente, y cuando tienes un momento para reflexionar revisas esos cajones. ¡Vaya manera de vivir! Es una forma de tortura psicológica que ni se te ocurriría infligir a otra persona, pero te lo permites a ti mismo. Y si permites esto, ¿cómo dejas que te traten otros?

Como expliqué en el paso 1, el miedo al fracaso es un comportamiento que aprendemos para protegernos. Fracasar puede ser vergonzoso y hacernos sentir enfado, molestia o frustración con nosotros mismos. Sin embargo, el fracaso es parte de la vida; es nuestra forma de aprender. Si nos enfocamos demasiado en el fracaso y en cómo hace que los demás nos vean, podemos terminar por no querer intentar nada nuevo por si fracasamos de nuevo. Con este comportamiento estamos dejando que nuestro miedo nos limite. Esa no es forma de vivir la vida, avanzando con nerviosismo mientras intentamos evitar la *posibilidad* de fracasar, comportándonos con cautela «por si acaso». Tenemos que aprender a confiar en que, pase lo que pase, podremos superarlo.

El límite

Como ya hemos comentado, el hecho de elegir no intentar nada nuevo, aplazar las tareas o buscar el «éxito» a cualquier precio son límites que nos impone nuestro propio miedo. El temor al fracaso nos atenaza porque refuerza esa creencia fundamental de que no somos lo suficientemente buenos. Por eso intentamos evitarlo a toda costa. Sin embargo, en lugar de quedarnos atrapados tras la barrera del temor, lo que realmente tenemos que hacer es apartarnos de él.

La próxima vez que tu mente intente convencerte de no hacer algo porque podrías fracasar y hacerlo sería terrible, o cuando te impulse a lograr tus metas sin medir las consecuencias, tómate un momento para PARAR, HACER UNA PAUSA y REFLEXIONAR conscientemente. Date cuenta de que esos pensamientos surgen del límite del miedo y, siguiendo la recomendación del ejercicio anterior, exterioriza ese miedo para poder dirigirlo mejor.

Recuerda que tú estás al volante; el miedo es solo un pasajero y no tiene poder de decisión sobre tu rumbo. Sal y observa las cosas desde una perspectiva de compasión; si fuera un amigo quien tuviera que tomar esta decisión, ¿qué consejo le darías? Este es el proceso de aprender a confiar en ti mismo y avanzar con un corazón abierto y no uno cerrado por el miedo.

ESTABLECER EL LÍMITE

¿Hay algo que siempre has querido probar pero el miedo te lo impide? ¿O hay algo que anhelas lograr desesperadamente pero no has podido hacerlo? En el primer caso, atrévete a intentarlo. Y si fracasas, permítete sentir ese fracaso, vivir las emociones y observar lo que te dices a ti mismo. ¿Estás siendo autocrítico o te estás subestimando? De nuevo, imagina que le sucede a un amigo que ha acudido a ti; ¿cómo responderías? Con compasión, ¿verdad?

Tal vez ha llegado el momento de aplicar las habilidades que usamos con los demás en nosotros mismos. Este ejercicio es para que te familiarices con el miedo, para que pierda su capacidad de intimidarte y no sientas la necesidad de escapar de él. Se trata de aprender a confiar en ti mismo ante el fracaso, para que puedas regular tus emociones y calmarte de forma saludable.

Tipo de comportamiento n.° 6 de la AAF

La persona que decepciona a los demás frente a la que sabe poner límites sanos

A Sara le costaba mucho establecer límites en su tiempo y espacio por temor a decepcionar a los demás, y eso le generaba ansiedad. Durante nuestras sesiones se dio cuenta de que quería mostrarse siempre «disponible» para no defraudar a nadie, lo cual la llevaba a descuidar sus propios sentimientos. No querer decepcionar a otras personas es un sentimiento humano. Sin embargo, actuar en contra de nuestros deseos o de manera que perturbe nuestra vida solo para intentar complacer a los demás nos conduce inevitablemente a defraudarnos a nosotros mismos. Lo cierto es que no podemos controlar qué piensan los demás sobre nosotros. Decidir establecer límites saludables con respecto a lo que ofreces a otras personas en términos de tiempo y energía no es egoísmo. Es más, forma parte de ser fiel a uno mismo.

El límite

Muchos de los límites que se presentan en esta sección pueden reforzarse simplemente preguntándote «¿Cuál es mi intención?» cada vez que accedes a hacer algo. Si te das cuenta de que tu intención es cumplir con lo que *crees* que se espera de ti porque te preocupa la opinión ajena, entonces ya sabes lo que debes hacer. Establece un límite diciendo «No, gracias», cuando algo no esté en sintonía contigo. Por supuesto, después tendrás que enfrentarte a la incomodidad y la culpa por decepcionar a otras personas. Sin embargo, gracias a la compasión y a las herramientas de esta sección podrás buscarle la vuelta.

En una vida auténtica tú eliges cuánto tiempo, espacio y energía dedicas a los demás. La AAF puede llevarte a dar demasiado a los demás y a dejar poco para ti. Este patrón es lo que llevas a tus relaciones personales y laborales. Pero ha llegado el momento de reclamar tu espacio. El tiempo y la energía son tu moneda, ¿cómo piensas gastarla? Asegúrate de que cuando digas que sí sea desde un lugar de intención y autocompasión, lo cual en sí mismo es parte del proceso de aprendizaje.

ESTABLECER EL LÍMITE

Revisa tu agenda para los próximos días, semanas o meses. ¿A cuántas de las cosas que figuran en ella dijiste «sí» porque realmente querías (o porque tenías que hacerlo, como en el caso de los compromisos laborales)? Reflexiona sobre cómo te hace sentir cada «sí». Una vez más, pregúntate si, en caso de tratarse de un amigo, le aconsejarías hacer las cosas de otra manera o le sugerirías que hiciese algún cambio. ¿Hay alguna modificación que puedas hacer?

Otra opción sería llevar un diario de cada día y anotar cada momento en que sientes que estás haciendo algo solo para no decepcionar a otra persona (como pararte a hablar cuando preferirías estar trabajando o leyendo) en lugar de algo que realmente *deseas* hacer. ¿Puedes establecer un límite compasivo con respecto a tu tiempo y tu energía?

Tipo de comportamiento n.º 7 de la AAF

La persona que se supera constantemente frente a la que lo tiene todo

A Sara la elogiaban en el trabajo y generalmente la veían como una persona que «lograba que las cosas se hicieran». Sin embargo, este reconocimiento repercutió en su bienestar y su salud mental. Después de años de asumir tareas para las que en realidad no tenía tiempo, Sara había eliminado toda oportunidad de disfrutar de una vida personal o sentimental, y tampoco encontraba un momento para reflexionar y confirmar que sus metas fueran fruto de su propia elección y no el reflejo de lo que otros esperaban de ella. Se esforzaba por mantenerse tan ocupada como fuera posible para evitar afrontar esa sensación de no ser lo suficientemente buena.

El límite

En la vida a veces sentimos que se nos asigna un rol o una expectativa, ya sea por parte de nuestros padres, nuestro jefe o nuestras amistades. Esto suele estar relacionado con alcanzar ciertas metas o vivir de acuerdo con un estilo de vida en particular. Si estas metas también están en sintonía contigo y deseas alcanzarlas, entonces adelante, ve tras ellas. Sin embargo, es muy importante que de vez en cuando te tomes un tiempo para ver cómo estás y que encuentres momentos para compartir con tu familia y amigos, o para tener una relación amorosa, si así lo deseas. A estos momentos los llamo *pausas*: momentos en los que te das tiempo para reflexionar y ver cómo estás, al igual que lo haces con otras personas.

La AAF puede hacernos olvidar nuestras propias necesidades, en especial cuando se depositan expectativas en nosotros. Nos esforzamos al máximo para cumplir con esos objetivos, incluso a costa de nuestra vida personal. El problema, como ya he señalado, es que si asociamos el éxito con esos momentos efímeros de sentirnos lo suficientemente buenos es como si estuviéramos poniendo un parche temporal, porque, en realidad, en el fondo creemos que *no* somos lo suficientemente buenos.

Cuando estás en la dinámica de lograr cosas, detenerse puede resultar incómodo, ya que al hacerlo se genera una confusión acerca de nuestra identidad o nuestros deseos, ya que nunca nos hemos permitido explorar qué nos gusta y qué no. Es más fácil seguir en la rueda de hámster y buscar soluciones temporales que afrontar tus verdaderos sentimientos. Así, nos sentimos estancados y, como resultado, seguimos girando en la misma rueda.

ESTABLECER EL LÍMITE

Programa en tu agenda momentos para hacer una pausa y aprovéchalos para evaluar cómo te sientes y hacerte las siguientes preguntas (puedes modificarlas para que se ajusten mejor a ti):

Parte 1

- Actualmente, ¿tengo suficiente tiempo para dedicarme a lo que me gusta, más allá del trabajo y otras obligaciones? Si no es así, ¿cuál es la razón? ¿Qué puedo hacer para cambiar la situación?
- ¿Siento que estoy buscando lograr cosas solo para sentirme lo suficientemente bien?
- ¿De qué me siento orgulloso esta semana y por qué?
- ¿Necesito concederme más de algo en este momento?
- ¿De qué manera valoro el equilibrio entre el trabajo y mi vida personal actualmente?
- ¿De qué manera me he priorizado esta semana?

Después de reflexionar sobre estas cuestiones también sería bueno que te tomases un tiempo para pensar en cómo estás viviendo tu vida. Establece un cronómetro (por ejemplo, de diez minutos) y durante ese tiempo intenta entrar en sintonía con cómo te sientes ese día. Hazlo con curiosidad y sin emitir juicios. Fíjate en lo que sale a la superficie y en cómo te afecta.

Parte 2

A continuación, lleva un registro diario, ya sea semanal o mensual, según te convenga, en el que anotes cómo distribuyes tu tiempo. ¿Cuánto tiempo dedicas a estar con amigos? ¿A dormir? ¿A hacer lo que te gusta? ¿A hacer ejercicio? ¿A trabajar? Para mantener un equilibrio sano entre la vida personal y la laboral es importante reservar momentos para tu bienestar personal, además de las horas que inviertes en el trabajo. Incluso si la industria en la que trabajas demanda jornadas laborales extensas, deberías poder sacar tiempo para ti.

Ahora utiliza las conclusiones de las partes 1 y 2 para tomar una decisión: ¿cuántas horas quieres destinar a tus actividades cada semana o cada mes? ¿Cómo se comparan con los totales reales? Luego establece límites y ajusta el tiempo donde sea posible. Comienza a vivir tu vida para ti.

———————————————————

Establecer límites puede parecer incómodo o incluso egoísta al principio, ya que son decisiones que tomamos para beneficiar nuestro bienestar emocional. Sin embargo, no hay nada malo en decidir poner límites saludables, una vez que entiendes la necesidad de hacerlo. Estamos hablando de tu vida, y cada día que inviertes buscando la aprobación ajena para sentirte «suficiente» es un día menos para encontrar la autocompasión, el amor y la aceptación en tu interior.

Replantear los pensamientos de miedo

La idea de replantearnos nuestros pensamientos, o «reencuadre cognitivo», es un concepto que he mencionado en varias ocasiones, pero es más fácil decirlo que hacerlo. Implica ajustar nuestra percepción de una situación para verla desde otra perspectiva, y la realidad es que solo podemos hacerlo de manera efectiva cuando comprendemos el origen de nuestros sentimientos iniciales.

Veamos un ejemplo de reencuadre cognitivo. Imagínate a una pareja en la que ambos trabajan, llevan una buena vida y disfrutan de un equilibrio positivo entre su vida laboral y personal. Sin embargo, después uno de ellos se somete a una cirugía y surgen complicaciones que requieren un tiempo de recuperación más prolongado y una mayor dependencia de su pareja. Esto obliga al miembro de la pareja que sigue trabajando a pasar más tiempo en casa, asumir más responsabilidades domésticas y adaptarse a los cambios de humor de su pareja.

La persona que asume estas responsabilidades adicionales se siente infravalorada y pierde el equilibrio entre el trabajo y la vida personal; ambos se irritan y la comunicación entre ellos se reduce al mínimo. En lugar de crear un espacio para apoyarse mutuamente, su relación se carga de resentimiento y palabras no expresadas. Cualquier minucia se convierte en un problema porque ya no logran comunicarse con eficacia.

Si añadimos la AAF a la ecuación, la situación se complica aún más. Si entendemos que la persona operada creció con un progenitor que cuando se enfadaba dejaba de hablarle, podemos imaginar el estrés adicional que esto le genera al experimentar un trato similar por parte de su pareja. Aprendió que debía complacer a los demás para satisfacer sus necesidades emocionales, pero ahora se encuentra en una situación en la que, haga lo que haga, no logra complacer a su pareja.

Quizá la otra persona se sintió constantemente defraudada por su progenitor; eso le dificultó confiar en los demás y aprendió a ser autosuficiente. Ahora, cuando ha decidido confiar lo suficiente en alguien para establecer una relación, vuelve a sentir que la decepcionan. Aunque no sea culpa de su pareja, su AAF la lleva a aislarse. Siempre y cuando logren entenderse mutuamente podrán reencuadrar la situación y liberarse de los patrones de comportamiento destructivos propios de la AAF. Una vez más, esto se relaciona con la manera en que nuestras experiencias de la infancia determinan los patrones de comportamiento hasta la edad adulta.

Aquí tenemos otro ejemplo de reencuadre cognitivo: la pandemia de la COVID-19 fue un período difícil para todos, y los sucesivos confinamientos intensificaron la sensación de aislamiento en muchas personas. El modelo que se presenta a continuación muestra cómo es posible realizar un ajuste cognitivo en nuestra perspectiva, y de esa manera transformar los pensamientos negativos sobre el confinamiento en otros más positivos.

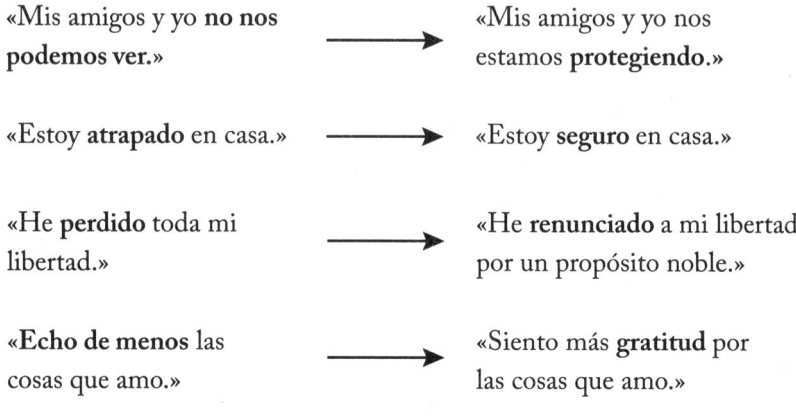

«Mis amigos y yo **no nos podemos ver.**» →	«Mis amigos y yo nos estamos **protegiendo.**»
«Estoy **atrapado** en casa.» →	«Estoy **seguro** en casa.»
«He **perdido** toda mi libertad.» →	«He **renunciado** a mi libertad por un propósito noble.»
«**Echo de menos** las cosas que amo.» →	«Siento más **gratitud** por las cosas que amo.»

Reencuadre cognitivo

Controlar la explosión de emociones

Cuando las partes de nuestro ser que se han reprimido o pasado por alto durante mucho tiempo finalmente emergen en nuestra conciencia, al principio pueden manifestarse de forma torpe, desequilibrada o descontrolada. Por ejemplo, si antes solías dejar de lado tus propias necesidades por el bien de los demás, ahora podrías inclinarte demasiado hacia el extremo opuesto. Ahora que ya no estás dispuesto a quedarte en un segundo plano en la vida podrías dar rienda suelta a tu nueva asertividad: es tu momento para tomar las decisiones y respondes con ira o resentimiento si alguien se interpone en tu camino o no te respeta como esperas que lo haga.

Tu relación con tu autoestima está en transición, y esto definitivamente repercutirá en los demás. Quizá exijas que todo el mundo se adapte a ti en vez de ser tú quien se adapte a los demás, pero esto puede provocar roces.

Imagina que los demás siempre te han percibido como el color azul y te han tratado conforme a ello. Sin embargo, ahora te presentas como amarillo y actúas de una manera completamente distinta. Al principio tu entorno no se percata de este cambio y siguen tratándote como si fueras azul, lo cual puede hacerte sentir resentido, restringido y limitado. Sin embargo, no es culpa de nadie. Tu evolución personal debe ir de la mano con la comunicación, no con un flujo de emociones destructivas.

En mi experiencia profesional he observado que un cambio de este tipo puede llevar a valiosas lecciones sobre uno mismo y, en última instancia, a un importante crecimiento personal. No es momento de reprimir o sacrificar lo que anhelamos internamente para mantener la armonía o complacer a otros. Debemos escuchar y honrar lo que ocurre en nuestro interior, darnos espacio y reconocer nuestra verdadera esencia.

Mereces ocupar tu lugar, mereces amor y mereces
sentirte lo suficientemente bueno.

Es posible que a los demás no les guste verte cambiar o que no sigas los patrones predecibles de siempre, pero es un paso necesario. Debes pasar por esa incomodidad para poder superarla y regularte.

Durante mi investigación universitaria exploré cómo afecta a las relaciones interpersonales el desarrollo de la autoconciencia. Este tema me resultó fascinante, ya que lo había vivido en carne propia en el modo en que cambiaron mi círculo íntimo y mi manera de mostrarme a los demás. Recuerdo haber sentido una fuerte desconexión, como si ya no encajara. Lo mismo observo en mis clientes: cuando empiezan a valorarse y conectar con sus principios comienzan a replantearse sus vínculos con quienes les rodean.

Después de transitar esa fase «volcánica» aprendes a manejar tu nueva energía asertiva con mayor sabiduría y destreza. Comienzas a incorporar este conocimiento en tu día a día y aprendes a hacerte oír. Es un proceso constante, ya que cada persona es un mundo aparte. Sin embargo, al final comprendes que el control no reside en cómo reaccionan los demás, sino en cómo te adaptas tú, siguiendo tu corazón.

Este cambio no es sencillo, sobre todo si nuestra autoestima, nuestra seguridad y nuestra estabilidad provienen de esos antiguos patrones. Al principio el miedo y la ansiedad ante este cambio pueden ser abrumadores, pero es crucial recordar que esto es el preludio de una transformación positiva. Nunca está más oscuro que cuando va a amanecer, por así decirlo. Descubrirás que existen otras maneras de fortalecer tu autoestima que no dependen de la opinión ajena, así como formas de desarrollar habilidades y talentos que tal vez nunca antes habías tenido en cuenta.

Cómo la autoconciencia revela el dolor y la pérdida

A medida que cultivamos la autoconciencia empezamos a darnos cuenta de cómo permitimos que nos traten los demás. Observar con mayor claridad la dinámica de nuestras relaciones es revelador y, a la vez, supone un reto. Podríamos sentirnos frustrados por no haber advertido ciertas señales de alarma antes, pero es vital recordar que nuestras necesidades y perspectivas en aquel entonces podían ser distintas.

Durante el proceso de sanación y autodescubrimiento nos damos cuenta de que la búsqueda de aprobación ajena quizá ha influido en nuestra tolerancia hacia ciertas actitudes. Sin embargo, a medida que evolucionamos aprendemos a validar nuestras propias necesidades y a valorarnos más. Este nuevo respeto por uno mismo nos motiva a dejar atrás los patrones y comportamientos que ya no nos benefician.

Este camino puede llevarnos a atravesar un duelo y sentir tristeza, pero al mismo tiempo puede generarnos entusiasmo ante un futuro lleno de oportunidades. Al soltar las relaciones que ya no se alinean con nuestro crecimiento hacemos espacio para que aparezcan vínculos nuevos y más sanos. Algunos de nuestros amigos podrán crecer con nosotros y apoyar nuestra evolución, pero habrá otros que se distanciarán de forma natural.

Es normal sentirse egoísta durante este proceso, ya que estamos priorizando nuestro bienestar y nuestro crecimiento. Sin embargo, es fundamental reconocer que cuidarnos y establecer límites son actos de amor propio y no de egoísmo. A lo largo de este trayecto aprenderemos a valorarnos, a forjar relaciones más sanas y a llevar una vida más auténtica y satisfactoria.

CASO DE ESTUDIO

Trabajé con Mya, una persona que siempre había seguido al pie de la letra las indicaciones de su madre, incluso respecto a cómo comportarse y vestirse, y hasta con quién salir y casarse. Mya siguió estas instrucciones hasta que ya no pudo más y sufrió un colapso. Estaba en una relación que no la hacía feliz y no había caído en la cuenta de que su voz y su opinión también importaban. Ella había atraído a una pareja que la mantenía en las sombras, tal como lo había hecho su madre. Se sentía reprimida y no sabía quién era.

Mya se vio obligada a dejar de trabajar, y eso la sumió en un estado de tristeza y ansiedad. Sin embargo, en esa crisis pudo ver la oportunidad de comenzar a hacer terapia, y entonces pudo explorar sus patrones de comportamiento y dedicar tiempo a entender su trayectoria vital hasta ese momento. Empezó a establecer límites para protegerse y descubrió que era capaz de rechazar propuestas sin que la culpa o la sensación de ser una mala persona se apoderaran de ella. No fue nada fácil. Se dio cuenta de que sus valores y los de su pareja eran distintos y eso llevó a que la relación llegara a su fin; decidió mudarse a otra ciudad y emprender la búsqueda de un nuevo empleo.

Mya tomó conciencia de que había vivido intentando satisfacer a su madre y finalmente pudo desprenderse de esa carga. Fue inspirador ser testigo de su evolución y proporcionarle un entorno seguro donde pudiera florecer. A lo largo de este proceso Mya desarrolló una nueva percepción de sí misma y de su valor, lo cual le permitió vivir de manera auténtica. Comprendió que era suficiente tal como era y empezó a vivir a partir de esa convicción.

El pastel de capas de las emociones reprimidas

Cuando empezamos a escarbar un poco comienzan a aparecer sentimientos y deseos que habíamos reprimido. Al principio alzar la voz y decir «no» puede ser abrumador, en especial con todas las emociones a flor de piel después de haber empezado a entendernos más profundamente. Muchas veces mis clientes dicen: «Pero si tuve una infancia maravillosa, mis padres me lo dieron todo». Reflexionamos sobre eso durante un rato y luego empezamos a desentrañar, capa por capa, todas las emociones reprimidas.

Imagina un precioso bizcocho cubierto con glaseado. El pastel tiene un aspecto perfecto, elegante y delicioso. Es un pastel de chocolate como siempre lo has entendido. Todos los demás pasteles que puedes ver son de chocolate, así que estás contento de que este también lo sea. Sin embargo, cuando coges un tenedor y decides probarlo te das cuenta de que solo es de chocolate por fuera.

Este pastel tiene capas internas: vainilla, crema de cacahuete y frambuesa, todas comprimidas y escondidas bajo la capa de chocolate. Incluso hay partes que no se han horneado del todo bien. Sin embargo, el chocolate, aparentemente impecable, las ha disimulado.

Con cada capa que se revela descubres algo nuevo sobre el pastel. Cuando por fin llegas a la base te das cuenta de que es distinto y más complejo de lo que pensabas. Inspeccionar las capas te ha permitido descubrir la verdadera esencia del pastel, en todo su imperfecto y desordenado esplendor.

Del mismo modo, al explorar tu psique descubrirás facetas tuyas que estaban reprimidas o que no se habían desarrollado del todo y las sacarás a la luz para nutrirlas y permitirles prosperar.

Por ejemplo, las personas tímidas pueden descubrir una confianza insospechada, mientras que quienes siempre buscan complacer a los demás encuentran valores y aspiraciones que llevan su búsqueda de seguridad y estabilidad hacia nuevos horizontes. Quienes han estado sometidos a sus emociones aprenden a tomar perspectiva y a ser más objetivos y desapegados. Básicamente este proceso afianza nuestra identidad y nos ofrece la posibilidad de afrontar la vida de maneras inéditas.

El poder de hacer una pausa

En el vertiginoso camino de la vida, hacer una pausa para reflexionar y planificar puede parecer contraproducente, un derroche del escaso tiempo que tenemos. Sin embargo, el valor que aporta en términos de adquirir perspectiva, tomar decisiones estratégicas, estimular la creatividad, mitigar el estrés y definir objetivos futuros es incalculable.

Al incorporar pausas intencionales a nuestra rutina nos empoderamos para afrontar los desafíos con mayor claridad, propósito y éxito a largo plazo.

Muchas veces, cuando nos atascamos con un problema, terminamos repitiendo las mismas asociaciones y alternativas sin encontrar una solución. Distanciarnos nos permite activar otros procesos mentales y experimentar lo que llamamos «periodos de incubación», mecanismos inconscientes del cerebro que contribuyen a la solución creativa de problemas. Los expertos también lo describen como «olvido beneficioso».[6] De este modo podemos reestructurar nuestro pensamiento, desligarnos de vínculos inútiles y sustituirlos por soluciones frescas y originales, que es precisamente lo que buscamos.

En el ejercicio de establecer límites del tipo de comportamiento n.º 7 de la AAF propuse programar un cronómetro y dedicar un tiempo a escuchar tus pensamientos y emociones. Ese principio también puede aplicarse a este caso. Además, si complementas esa pausa con una respiración profunda, le darás al cerebro el oxígeno necesario para interaccionar mejor con la zona de la función ejecutiva.

Para financiar mi máster tuve que aceptar tres trabajos, así que, por lo que recuerdo, siempre estaba ocupada; viéndolo en retrospectiva, realmente no sé cómo lo hice. No me permití hacer una pausa porque, si lo hubiera hecho, me habría dado cuenta de lo agotada y estresada que estaba. Dejé de lado mi propio cuidado y me hundí más en la vorágine de estar constantemente ocupada.

Sin embargo, el programa incluía sesiones de terapia semanales, que se convirtieron en mi espacio para «hacer una pausa». Entraba a la sesión de terapia con un sinfín de tareas pendientes en mente, pero el centro de esa hora era yo y me obligaba a estar presente. Si no lo estaba, mi terapeuta se daba cuenta. Eso me enseñó el poder de hacer una pausa. Me interesé en aprender sobre técnicas de respiración, meditación y otras prácticas de anclaje que se han vuelto fundamentales en mi manera de gestionar mi bienestar y mi salud mental.

Cabe destacar que la pausa puede manifestarse de distintas formas según cada persona. Para algunos esa pausa puede ser prepararse una infusión o disfrutar de estar al aire libre sin ningún dispositivo electrónico, simplemente apreciando los sonidos del entorno, mientras que para otros podría ser practicar meditación. Sea cual sea tu forma de hacer una pausa, incorpórala a tu estilo de vida.

RESUMEN DEL PASO 4

Hemos llegado al final del paso 4, así que tómate un momento para reflexionar. ¿Cómo te sientes con respecto a tu viaje hasta ahora? ¿De qué manera han influido en ti estos pasos y todo lo que has aprendido en relación con ellos? Piensa en tu situación actual y en el camino que has recorrido. Es un trabajo profundo y poderoso y lo has tenido que hacer muy bien para llegar tan lejos.

Se están produciendo cambios profundos. Quizá sientas que todo está en un estado de caos o desmoronándose, pero más bien es como la mariposa que intenta salir de su crisálida. Es hora de cuestionar tu educación, tus creencias, lo que te han dicho toda la vida y en lo que has intentado encajar. Ahora estás en un espacio donde puedes pensar por tu cuenta, un espacio que se adapta a ti. El gran psicoanalista Carl Jung dijo que «el sentido hace que muchas cosas sean tolerables; quizá todas». Ahora estás encontrando tu propio sentido en la vida, tu propia aceptación de quién eres y eso es infinitamente poderoso.

Es importante señalar que cuando nuestro sistema de creencias cambia, nuestros valores también se modifican a medida que nos volvemos más conscientes e intencionales. Y cuando nuestros valores cambian, las decisiones que tomemos sobre cómo dirigir nuestra vida ya no serán las mismas. Esto significa que se altera nuestro rumbo. Nuestra vibración se modifica, y también a quién atraemos. Ignorar todo esto ya no va a funcionar. Está aquí y está llamando a tu puerta. No se irá, no importa cuánto intentes bloquearlo. Así que respóndele. No tienes que dejarlo entrar. Tú decides. Es tu elección. ¿Estás listo para el paso 5?

PASO 5

Libera la autocompasión

En la introducción de este libro he compartido las razones por las cuales decidí escribirlo. He explicado que quiero que las personas se sientan plenas sin necesidad de buscar aprobación externa y que puedan dejar de batallar con sus pensamientos. Mi objetivo es ayudarlas a darse cuenta de que se puede cambiar y que ese cambio nace de dentro. Quiero compartir mi plan de cinco pasos para que tú y otras personas como tú podáis deshaceros de una vez por todas de los patrones de comportamiento y las formas de pensar limitantes que os frenan.

Ha sido todo un viaje llegar hasta esta parte del libro. Probablemente habrás tenido que ser absolutamente honesto, enfrentarte a tus temores y sumergirte de lleno en tu pasado, además de procesar todas las emociones que esto implica. Y ahora aquí estamos, en el paso 5, en el que aprenderás sobre la autocompasión. ¿Un capítulo entero dedicado a aprender a ser amable contigo mismo? ¡Sí! Es fundamental cómo nos tratamos y cómo nos cuidamos cada día. Es hora de dejar de ser tan exigente contigo mismo y de intentar vivir de acuerdo con las expectativas que has establecido en función de lo que otros deben hacer para que te sientas lo suficientemente bueno.

Este paso te ayudará a equilibrarte y a poner los pies en la tierra, del mismo modo que los árboles se afianzan con sus raíces. La autocompasión son tus raíces, así que deja que crezca. Cuando les pregunto a mis clientes si se dirigen a los demás de la misma manera en que se hablan a sí mismos la mayoría me responde que jamás se les ocurriría hacerlo. Entonces, ¿por qué somos tan crueles con nosotros mismos? ¿Por qué nos conformamos con las migajas y les damos la hogaza entera a los demás? Nosotros también merecemos el pan entero. La verdad es esta: lo que creemos merecer se basa en nuestra autoestima.

Cada viaje es único; este es completamente tuyo.
No puedes ser todo para todos y no ser nada
para ti mismo.

Imagina que tu mente es un jardín y tus pensamientos son las semillas que plantas. Tú eliges qué semillas sembrar en tu jardín. Puedes escoger semillas de positividad, amor y prosperidad en lugar de semillas de miedo y vergüenza. Puedes dedicar tiempo a cuidar el jardín de los demás o puedes tratar de embellecer el tuyo y atraer a otras personas maravillosas a él. Pregúntate qué semillas plantarás y cómo vas a cuidar de tu jardín.

Escribe tu propio código de vida

Como he mencionado antes, creo que el viaje de la vida es aquel en el que nos amamos, mostrándonos compasión y permitiéndonos simplemente ser. También sostengo que cada uno de nosotros tiene sus propios valores y su propio «código de vida», que son únicos. Parte de respetar este código es entender por qué es importante para nosotros, y eso es algo que descubriremos cuando nos conozcamos a fondo. Espero que el trabajo que has hecho a lo largo de este libro te haya ayudado a conocerte bien.

Las personas desarrollan el código por el que se rigen a partir de distintos aspectos de la existencia humana. Toma como ejemplo el estoicismo, cuyos seguidores emplean un sistema filosófico originado en la antigua Grecia como modelo para la vida. Sin embargo, en el paso 5 te animo a redactar tu propio código de vida, uno que se base en tus experiencias personales. Todo lo que has aprendido en este libro te servirá para profundizar en tu interior y en tu sabiduría, de modo que puedas crear un estilo de vida que refleje verdaderamente quién eres.

Cuando te quieres a ti mismo atraes lo mejor. La forma en que te tratas le indica al universo lo que crees que mereces. Todo empieza con cómo te sientes con respecto a ti mismo. Por tanto, elige sentirte valioso, especial y digno de lo mejor.

Los poderes: doce maneras de progresar

En el paso 3 creaste tu propia caja de herramientas para enfrentarte a tus miedos y dudas. Ahora vamos a explorar los doce «poderes» que puedes utilizar para buscar la compasión, el amor propio y, en última instancia, la felicidad; todo esto es posible una vez que has adquirido un entendimiento. Quizá algunos de estos poderes no sean para ti, pero habrá otros que sí estarán en sintonía contigo. Recuerda que eres único y tu camino hacia el progreso es personal.

Poder n.° 1: practica el *mindfulness*

Concéntrate en el momento presente, porque tiene el poder de moldear tu realidad. Acepta la belleza y la profundidad del ahora, pues es aquí donde residen la alegría, el crecimiento y la conexión verdaderos.

Los estudios indican que practicar el *mindfulness* puede ayudar a disminuir el estrés, potenciar nuestra atención y concentración, mejorar nuestra salud mental y física e incluso elevar nuestra sensación de bienestar. Abrazar el poder de la tranquilidad también es un remedio eficaz contra el perfeccionismo, ya que nos ofrece una pausa necesaria para reconectar con nuestro yo auténtico. Pero ¿cómo funciona?

La realidad es que el *mindfulness* funciona de manera distinta para cada persona. Es una práctica tan única como cada uno de nosotros.

No se trata de sentarse en una esterilla de yoga al aire libre escuchando a los pájaros; también se puede encontrar en acciones cotidianas como preparar una taza de té o lavarnos las manos. En esencia, el *mindfulness* es una herramienta que está al alcance de todos; solo tenemos que prestar atención a nuestros pensamientos, emociones y sentidos (vista, oído, gusto, tacto y olfato) para así lograr una conciencia plena de nuestro entorno.

> **Desarrollar nuestra conciencia de nosotros mismos y nuestro entorno es una excelente manera de elevar nuestras vibraciones positivas. No permitas que la vida simplemente te pase por delante; sé consciente.**

El *mindfulness* también puede llevarnos a ser más considerados y reflexivos, lo cual incrementa la probabilidad de ser amables y compasivos tanto con los demás como con nosotros mismos.

Recuerdo que cuando empecé a practicar el *mindfulness* me parecía una pérdida de tiempo. Sin embargo, cuando encontré un espacio alejado de las distracciones de mi teléfono o mi interminable lista de tareas pendientes pude prestar más atención a mi diálogo interno y reconocer los estándares poco realistas que nacían de mi perfeccionismo y me generaban estrés y ansiedad. Hacer una pausa me ayudó a comprender cuáles de mis patrones estaban alimentados por el miedo.

Dirigir tu atención hacia el presente puede ayudarte a dejar de centrarte en el pasado y el futuro, lo cual, a su vez, puede reducir tus niveles de estrés. Al cultivar la conciencia del momento presente y la observación imparcial podemos liberarnos del yugo del perfeccionismo. En definitiva, practicar el *mindfulness* y entrar en un estado de tranquilidad nos ayuda a aceptar nuestra verdadera esencia, a encontrar la alegría en el momento presente y a vivir con mayor serenidad, equilibrio y satisfacción. Es en la tranquilidad que celebramos la belleza de ser perfectamente imperfectos. La práctica del *mindfulness* da sus frutos cuando se lleva a cabo con intención, por lo que vamos a integrar algo de esto en tu semana con el siguiente ejercicio.

INTENCIÓN CONSCIENTE

Tómate un momento para sentarte y permitirte sentir lo que necesitas sentir. Suéltalo y respira profundamente. Haz una pausa y conéctate contigo mismo. Visualiza lo que deseas soltar. El momento presente es el espacio para el cambio consciente.

También puedes practicar la atención plena llevando un diario de gratitud, caminando por la naturaleza, meditando, prestando atención a tus sentimientos y emociones y haciendo ejercicios de respiración. Puedes incorporar todas estas prácticas simultáneamente o probar una diferente cada día. Comenzar un hábito consciente solo requiere un compromiso de sesenta segundos. Cuando te sientas abrumado por tus pensamientos o por un incidente en particular puedes hacerte las siguientes preguntas:

1. ¿Estoy exagerando? ¿Es realmente tan grave? ¿Tiene importancia a largo plazo?
2. ¿Estoy generalizando en exceso? ¿Estoy sacando conclusiones basadas en opiniones o experiencias más que en hechos?
3. ¿Estoy adivinando lo que piensan? ¿Estoy suponiendo que los demás tienen ciertas creencias o se sienten de una determinada forma? ¿Estoy anticipando cómo reaccionarán?
4. ¿Estoy siendo demasiado crítico conmigo mismo? ¿Me describo con palabras como «estúpido», «inútil» o «gordo»?
5. ¿Es un pensamiento polarizado? ¿Estoy viendo el incidente como algo completamente bueno o malo sin tener en cuenta que la realidad rara vez es absoluta? La respuesta suele encontrarse en el área gris intermedia.

6. ¿Qué nivel de veracidad y precisión tiene esta idea? ¿Puedo tomar distancia y contemplar las cosas como lo haría un amigo o un observador imparcial? ¿Ser objetivo en lugar de subjetivo?

Poder n.º 2: presta atención a tu diálogo interno

Escucha con atención los murmullos de tu voz interior, ya que allí se encuentran las semillas de la autoconfianza, el empoderamiento y la transformación. Nutre tu diálogo interno con amabilidad, aliento y compasión y observa cómo se transforma en una fuerza poderosa que te catapulta hacia tus sueños.

Desarrollar tu autoconciencia y aprender a escuchar cómo te hablas a ti mismo te permite cultivar un diálogo interno lleno de compasión y fortaleza. Sintonizar con nuestra voz interna tiene un impacto significativo en nuestra forma de actuar en el mundo y nos brinda una comprensión más profunda de nuestros deseos, temores, fortalezas y limitaciones.

Esta autoconciencia nos habilita para tomar decisiones conscientes y alinear nuestras acciones con nuestro ser más genuino. Dejamos de sentir la necesidad de cumplir con las expectativas sociales o de ponernos una máscara para gustar a los demás. En lugar de eso celebramos nuestra individualidad y expresamos con seguridad nuestros verdaderos pensamientos y sentimientos.

Además, cuando nos escuchamos nos volvemos más receptivos a nuestra intuición y sabiduría interna. Al confiar en nuestra intuición navegamos por la vida con una dirección y un propósito claros, guiados por nuestra propia brújula interna. Cuando respetamos nuestras necesidades y tomamos medidas activas para satisfacerlas, fomentamos una relación más sana con nosotros mismos. Esta forma de cuidado personal se extiende más allá de nuestra propia salud y afecta la manera en que nos relacionamos con los demás. Cuando priorizamos nuestro bienestar tenemos más energía, compasión y presencia que ofrecer al mundo. Tus pensamientos son el origen de tus emociones y estados de ánimo. Las conversaciones que mantienes contigo mismo pueden ser destructivas o constructivas e influyen en cómo te percibes y en cómo reaccionas ante los sucesos de la vida. Podemos aprender mucho cuando sintonizamos y escuchamos cómo nos hablamos a nosotros mismos. Tomamos conciencia de las creencias limitantes, el diálogo interno negativo y los patrones que ya no nos benefician. Con esta autoconciencia podemos desafiar y replantearnos esos relatos limitantes, de modo que nos empoderamos para abrazar nuevas posibilidades y ampliar nuestros horizontes.

Al prestar atención a nuestra voz interior nos abrimos
a la posibilidad de aprender, adaptarnos y evolucionar
hacia nuestra mejor versión.

Cada experiencia puede ser una oportunidad para la investigación y el desarrollo, siempre que te tomes el tiempo para escuchar. Recuerda que este es un proceso constante. El diálogo interno funciona igual que cualquier otra relación; necesita tiempo y atención. Habrá momentos en los que las cosas no salgan como esperabas y termines frustrándote o molesto contigo mismo, pero entonces debes tomar una decisión: comprenderte o criticarte.

Lo que he descubierto en mi experiencia personal y trabajando con otras personas es que muchas veces tememos dejar de criticarnos porque creemos que esa es la única manera de lograr cosas. Nos acostumbramos a actuar motivados por el miedo. Así que probemos lo contrario: hacer las cosas con intención y en armonía. Si observamos los dos lados del diálogo interno, veremos que uno es negativo y el otro es alentador y positivo. Reflexiona sobre las siguientes dos afirmaciones y luego pronúncialas en voz alta para ti mismo:

1. «Voy a hablar en la reunión de hoy porque tengo algo importante que aportar.»
2. «Creo que no quiero intervenir en la reunión de hoy porque quedaré como un tonto si digo algo incorrecto.»

Observa cómo te sientes después de decir cada frase. La primera afirmación puede hacerte sentir empoderado, mientras que la segunda puede hacerte sentir como una tortuga que quiere esconderse en su caparazón. Si prestas atención a tu diálogo interno, puedes desarrollar un mayor sentido de conexión y autenticidad contigo mismo. Esta práctica también mejora tu habilidad para responder conscientemente a las situaciones en lugar de reaccionar impulsivamente a partir de tus pensamientos automáticos.

DESAFÍA TU DIÁLOGO INTERNO

Tómate un momento para reflexionar sobre lo que te has dicho a ti mismo hoy. ¿Ha sido algo crítico o más bien amable y constructivo? ¿Qué sensaciones te ha dejado ese diálogo interno? ¿Te has dirigido a ti mismo como lo harías con un amigo? Reflexiona sobre las siguientes afirmaciones y sus alternativas positivas. ¿Cuál refleja mejor la manera en que te hablas?

- «¡Qué idiota! Esta presentación ha sido un desastre. Supongo que esto es el fin de mi carrera.» *Alternativa*: «Sé que puedo mejorar. La próxima vez me prepararé y practicaré más. Incluso podría hacer algún curso de oratoria. Eso sería bueno para mi carrera».
- «Es imposible lograr eso en solo una semana.» *Alternativa*: «Me queda mucho por hacer, pero iré avanzando poco a poco. Quizá también pueda pedir ayuda a mis amigos».

- «¡Qué absurdo! No puedo aprender a pensar de forma más positiva.» *Alternativa*: «Aprender a tener una actitud más positiva puede serme útil en muchos sentidos. Voy a intentarlo».
- «Me veo muy gorda con este vestido. No me extraña que no haya manera de conseguir una cita. ¿Por qué no puedo adelgazar? ¿Qué me pasa?» *Alternativa*: «Soy preciosa tal y como soy, no hay nada malo en mí. Me siento feliz, saludable y querida».

¿Qué tal te ha ido? Si ves que tus pensamientos internos se inclinan hacia lo negativo, es hora de cambiar de estrategia y aprender a hablarte de otra forma. La próxima vez que te encuentres pensando algo negativo te invito a hacer una pausa y reformular tus palabras bajo una luz más amable y positiva, como en las alternativas que vimos anteriormente. Repite este proceso todas las veces que sean necesarias. Proyecta tu luz hacia delante.

Poder n.º 3: permítete brillar

Abraza la luz que vive en tu interior y deja que irradie brillo. Es preferible resaltar con coraje en tu propia luz que minimizarte para ajustarte a las sombras de otros.

Deja de buscar la validación externa. No sacrifiques tu autenticidad por encajar. Eres suficiente tal como eres. Dedica tu tiempo a personas que te revitalizan y están emocionalmente listas para establecer una conexión profunda. De todas formas, esto no quiere decir que debas alejarte de quienes no te hacen sentir de una determinada manera. Las relaciones no funcionan así. Más bien identifica qué es lo que te generan y entonces evalúa si es posible abordarlo con ellos, ya que eso podría enriquecer tu relación.

Mantén el brillo de tu verdadero yo y resiste la tentación de retraerte para complacer a los demás. Cuando veas que necesitas actuar de otra forma ante la presencia de una persona en particular, plantéatelo como una oportunidad para tu crecimiento personal. Puede ser el resultado de algo que está surgiendo en ti, así que es una oportunidad para aprender más sobre ti mismo y por qué actúas como lo haces. Cada día nos ofrece una nueva oportunidad para adquirir nuevas perspectivas que nos ayuden a evolucionar.

No te traiciones a ti mismo manteniendo patrones en los que priorizas a los demás. Es muy importante que entiendas por qué actúas así y qué necesidad estás intentando satisfacer. Sin embargo, entenderlo no basta para cambiar; también debes aplicar lo que has aprendido, y eso requiere práctica. ¡Leer este libro es un excelente punto de partida!

Resplandecer como tu verdadero yo es más poderoso que opacar tu brillo para adaptarte a los demás. Tu singularidad e individualidad son lo que te convierten en una persona excepcional.

He descubierto que, cuando hablamos del verdadero yo y del yo auténtico, se trata de integrar la parte de nosotros que proviene de nuestra AAF (la parte de alto funcionamiento) y la parte que nunca hemos cultivado antes pero que estamos empezando a nutrir. Lo que quiero decir es que encontrar tu verdadero yo no implica eliminar tu AAF. Más bien se trata de aceptarla como parte de ti, de aprovechar la sensibilidad que te proporciona para conectarte con los demás y con el mundo a tu alrededor. La clave es no permitir que la AAF te domine.

Por ejemplo, antes mi AAF era mi aspecto dominante. Ahora, si alguien me pide algo que no puedo hacer, en lugar de decir «sí» por miedo a molestarlos, advierto que tengo miedo. Entonces puedo evaluar objetivamente mi situación y comunicarle a la persona que no puedo ayudarla en ese momento porque tengo muchas cosas que hacer. Me doy espacio para regular mi miedo en lugar de dejar que me controle.

Al honrar y expresar tu verdadera esencia estás ayudando a crear un mundo donde se valora la autenticidad y florece la diversidad. Acepta tu luz y deja que resplandezca, que ilumine el camino para que los demás también puedan brillar con su propia luz.

HONRA TU VERDADERO YO

Cada vez que veas que estás poniendo a otra persona en un pedestal y opacando tu brillo por sentirte «un fastidio», hazte las siguientes preguntas:

- ¿Qué creencia o patrón de pensamiento me lleva a poner a otra persona en un pedestal y opacar mi brillo? ¿De qué manera esta creencia restringe mi expresión personal y mi autenticidad?
- ¿Qué evidencias respaldan la idea de que soy «un fastidio»? ¿Existen situaciones o experiencias concretas que hayan alimentado esta creencia?
- ¿Qué impacto tiene el hecho de opacar mi brillo en mi bienestar general y en mi sensación de plenitud?
- ¿Qué fortalezas o cualidades únicas puedo aportar al mundo?
- ¿De qué manera podría influir positivamente en mis relaciones con los demás el hecho de expresar mi verdadero yo?
- ¿Cómo sería aceptar por completo mi yo auténtico sin temor a ser un fastidio?
- ¿Cómo puedo cambiar mi perspectiva para ver mi singularidad como un don en lugar de una carga?
- ¿Qué pasos puedo dar para honrar mi verdadero yo, mantener viva mi luz y aceptar la incomodidad que esto pueda generar?

Responder estas preguntas puede arrojar claridad sobre las creencias y los patrones subyacentes que te llevan a opacar tu luz. Gracias a la introspección y la autocompasión tienes la capacidad de cuestionar estas creencias y desarrollar estrategias para aceptar y manifestar tu verdadero yo, lo que te permitirá brillar libremente y sin remordimientos.

Poder n.º 4: dirige tu energía con intención

Tu energía es un recurso muy valioso. Elige conscientemente cómo y dónde invertirla. Canalízala con determinación hacia aquello que verdaderamente te importa, ya que cuando alineas tu energía con tus pasiones y valores desatas todo tu potencial.

Imagina que dispones de tan solo cien unidades de energía cada día. La manera en que elijas invertirlas puede influir significativamente en tu bienestar integral, tu productividad y tu satisfacción personal. Elegir gastar tu energía de forma prudente en vez de emplearla para satisfacer a los demás es una parte esencial de tu proceso de sanación y crecimiento personal. Como bien señala la escritora y activista social L.R. Knost, «cuidarme no implica "yo primero", sino "yo también"».

Recuerda que decidir el curso de tu energía está en tus manos. Por lo tanto, acepta el don de la intencionalidad y dirígela hacia actividades que nutran tu espíritu, estén en sintonía con tus valores y aviven tus pasiones.

Al decidir conscientemente hacia dónde dirigir tu energía estás creando una vida llena de vitalidad y propósito y en armonía con tu esencia más verdadera.

Cuando invertimos nuestra energía en cosas que no están en sintonía con nuestros valores, nuestras pasiones o nuestro crecimiento personal nos arriesgamos a agotarnos emocional, mental e incluso físicamente. Podemos sentirnos exhaustos y desanimados y preguntarnos por qué nos falta el entusiasmo o la motivación para perseguir nuestros sueños, o, lo que es peor, creer que algo anda mal en nosotros. Es en esos momentos cuando necesitamos detenernos y reevaluar en qué estamos invirtiendo nuestra energía. Otra manera de verlo es como si estuvieras pintando un cuadro. Cada decisión que tomas sobre lo que decides hacer es como dar una pincelada más en tu lienzo. ¿Estás creando una obra que te hace feliz y refleja tu verdadero yo? ¿O estás pintando algo poco original, basado en lo que crees que otros esperan de ti? Sé el artista de tu vida, toma el control y moldea tu realidad con cada pincelada hasta que hayas creado algo que realmente te haga feliz.

A medida que te vuelves más intencional sobre el destino de tu energía podrías descubrir que ciertos aspectos de tu vida necesitan ajustes. Sé compasivo contigo mismo durante este proceso. Recuerda que el cambio es un viaje gradual y cada pequeño ajuste es un paso hacia una mayor alineación y realización personal. Todo comienza con la autoconciencia. Pregúntate lo siguiente: «¿Hacia dónde está fluyendo mi energía?», ¿La estoy invirtiendo sabiamente o la estoy desperdiciando en lugares que no me benefician?». El siguiente ejercicio te ayudará a canalizar tu energía hacia lo que verdaderamente te brinda alegría, pasión y un propósito en lugar de hacia lo que te desgasta o agota.

IDENTIFICA HACIA DÓNDE DIRIGES TU ENERGÍA

Dibuja dos columnas en tu diario o en una libreta, denominadas «Drenadores de energía» y «Potenciadores de energía». A continuación registra las actividades, tareas e interacciones que experimentas durante el día y clasifícalas según te quiten o te aporten energía.

- Drenadores de energía: son aquellas actividades o interacciones que te dejan exhausto, deprimido o agotado. Pueden ser tareas que no disfrutas, chismorrear o ponerse negativo o pasar tiempo con personas que te consumen la energía.

• Potenciadores de energía: son aquellas actividades o interacciones que te llenan de energía, satisfacción y alegría. Pueden ser tus aficiones favoritas, pasar tiempo de calidad con seres queridos, involucrarte en proyectos creativos o momentos de relajación y cuidado personal.

Después de unos días de llevar el diario revisa lo que has escrito y observa los patrones que aparecen. ¿Hay actividades o interacciones que te drenan constantemente la energía? ¿Hay otras que invariablemente la potencian y mejoran tu estado de ánimo? Con esta nueva conciencia establece intenciones para los próximos días o semanas. Procura reducir o limitar las actividades que drenan tu energía y prioriza las que la aumentan. Sé realista y afable contigo mismo y reconoce que los pequeños cambios pueden tener un gran impacto a largo plazo.

A medida que transcurre tu día practica el *mindfulness* cuando tomes decisiones sobre dónde invertir tu tiempo y tu energía. Antes de participar en una actividad o una interacción, haz una pausa y consulta contigo mismo, preguntándote lo siguiente: «¿Esta actividad aumentará o disminuirá mi energía?», «¿Está alineada con mis valores y prioridades?».

Reconoce y celebra los cambios positivos que hagas en tu forma de dirigir la energía. Ten paciencia contigo mismo mientras sigues perfeccionando tus elecciones; la atención plena y la práctica constante te llevarán a un cambio duradero.

A continuación te presento otro ejercicio para aprender a dirigir tu energía conscientemente.

LA RUEDA DE LA VIDA

Dibuja en un cuaderno, el esquema de la rueda de la vida que se muestra a continuación. Observa los ocho segmentos de categorías que se proporcionan y, si lo crees necesario, cámbiales el nombre para añadir una categoría que falte o para que la rueda tenga más sentido para ti. Después dibuja una línea en cada segmento de categoría y califícalo del 1 (muy insatisfecho) al 10 (completamente satisfecho).

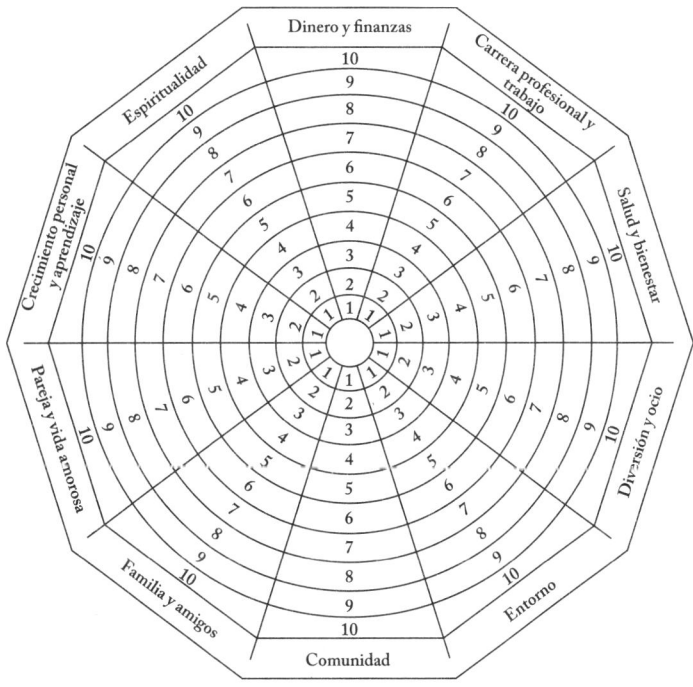

La rueda de la vida

Tómate un tiempo para reflexionar sobre tu rueda de la vida y pregúntate con honestidad qué sientes acerca de cada segmento de tu vida. Esto te dará material para pensar en qué te gustaría cambiar y cómo podrías hacerlo.

La rueda de la vida es poderosa porque te ofrece una representación visual de las áreas clave de tu vida y una visión integral de tu estado actual de bienestar y equilibrio. Te permite identificar áreas en las que podrías estar invirtiendo demasiado tiempo y energía mientras descuidas otros aspectos importantes. Dado que los desequilibrios pueden llevar al estrés, al agotamiento y a una disminución del bienestar, te animo a revisar la rueda de la vida todos los meses. Esto te ayudará a visualizar los desequilibrios en tu vida y, en última instancia, te otorgará el poder y la posibilidad de implementar cambios.

Poder n.º 5: valora tu verdadero yo

En la sinfonía de las almas, encuentra tu nota distintiva y exprésala con valentía.

En un mundo que a menudo premia la conformidad hace falta coraje para abrazar nuestra singularidad y valorar nuestras diferencias. Un camino de autodescubrimiento y autoaceptación nos invita a sumergirnos en lo más profundo de nuestro ser y a desprendernos de las máscaras impuestas por las expectativas sociales y las comparaciones con los demás. Es al honrar nuestra versión más auténtica que realmente encontramos un sentido de pertenencia y satisfacción.

Es momento de abandonar definitivamente la noción de «perfección» y las comparaciones con los demás y de abrirle las puertas a tu singularidad. Ya has transitado este proceso en etapas anteriores y has aprendido cómo el insaciable afán de aparentar «perfección» solo conduce al agotamiento y al desgaste, porque la perfección no existe. Aceptar nuestras imperfecciones nos permite ver que no son defectos, sino las pinceladas que hacen que nuestro lienzo sea único y extraordinario.

*Al trascender la ilusión de la perfección, enfrentarte
a tus temores y gestionar tu AAF descubrirás
la verdadera esencia de quién eres realmente:
un mosaico de brillantez y resiliencia.*

Me costó mucho poder valorar mis diferencias y aceptar los elogios que otros me ofrecían por ser como soy. Rápidamente ponía a los demás en un pedestal y admiraba lo brillantes que eran, pero me resultaba casi imposible hacer lo mismo conmigo. Un consejo que puedo darte es que sigas practicando. No te rindas. En el amplio tapiz de la humanidad no hay dos hilos idénticos. Cada uno de nosotros es una obra maestra tejida con colores, patrones y texturas únicos. Aceptar nuestra individualidad y apreciar las diferencias que nos definen es una parte esencial de la experiencia humana. En un mundo que parece ansiar autenticidad y aceptación, abrazar tu singularidad y valorar las diferencias de los demás es un acto de valentía y amor.

Acepta y celebra las maravillosas cualidades que te hacen ser tú. Explora tu interior, tus alegrías y tus penas, tus talentos y tus deseos, cualquier cosa que te motive. Disfruta de la sensación de ser maravilloso y único. Eres los libros que lees, las películas que ves, la música que escuchas, las personas con las que pasas tiempo, las conversaciones que mantienes. Elige con sabiduría lo que te nutre la mente.

También debemos recordar ser compasivos con nosotros mismos y reconocer que el crecimiento es un proceso y los contratiempos son escalones hacia el progreso. Habrá momentos en los que querrás volver a caer en viejos patrones, limitándote a ti mismo en un intento de sentir que «perteneces». La autocompasión te ayudará a superar estos retrocesos inevitables con elegancia y fomentará la resiliencia y una relación más profunda contigo mismo y con los demás. Acepta tu singularidad, valora tu viaje y deja que la belleza auténtica de tu alma ilumine el mundo con un brillo que solo tú puedes ofrecer.

AFIRMACIONES FRENTE AL ESPEJO

Colócate frente a un espejo y respira hondo para centrarte. Mírate a los ojos y pronuncia en voz alta tres afirmaciones positivas que celebren tu singularidad y tus diferencias. Aquí tienes algunos ejemplos:

- «Soy único y me acepto como soy.»
- «Celebro mis peculiaridades y disfruto de mi individualidad.»
- «Merezco que me quieran y me acepten tal como soy.»

Repite estas afirmaciones frente al espejo todos los días durante una semana. Observa cómo cambia la manera en que te percibes y cómo las palabras afectan tu visión sobre tu singularidad y tus diferencias. Esta práctica puede fortalecer el amor propio y fomentar una aceptación más profunda de tu verdadero yo.

Poder n.° 6: presta atención a las historias que te cuentas

En el escenario de la mente, las historias que nos contamos son las protagonistas. Como autor y personaje principal, creamos una narrativa que puede encerrarnos en las sombras de la duda o impulsarnos hacia el autodescubrimiento y el empoderamiento. Abraza el arte de narrar conscientemente, pues al reescribir nuestros guiones internos descubrimos el verdadero potencial del corazón y la mente.

Ya hemos hablado sobre ser catastrofistas, imaginar lo peor y contarnos mentiras que nos frenan. La mente es una narradora magistral; teje relatos complejos sobre quiénes somos, qué podemos lograr y cómo nos percibe el mundo. El «y si» esto sucede o «y si» aquello ocurre; como has aprendido, la AAF nos lleva hacia el pozo de la perdición, y puede ser difícil salir de allí.

Las historias que nos contamos, que se basan en nuestras creencias, experiencias e interpretaciones, influyen en cada aspecto de nuestra vida y en cómo nos mostramos al mundo. Si nos creemos capaces y dignos, afrontaremos los desafíos con confianza. Por el contrario, si albergamos dudas sobre nosotros mismos, sentimientos de indignidad o miedo, podríamos retraernos, poner en duda la posibilidad de aprovechar las oportunidades y adentrarnos en lo desconocido.

Las historias que nos contamos muchas veces surgen de un lugar de protección, de resguardarnos de los sentimientos que despiertan los desafíos, los rechazos o los momentos de vulnerabilidad. Creamos estos relatos para ofrecer explicaciones a nuestras carencias, miedos o errores del pasado, porque de este modo es más fácil lidiar con las complejidades de la vida y nos protegemos del dolor y la decepción.

Sin embargo, atribuir todas tus emociones a circunstancias y personas ajenas a ti crea una situación en la que constantemente estás cediendo tu poder. Hacerse cargo de tu forma de pensar no solo te ayuda a crecer, sino que también amplía tus oportunidades de ser feliz y te permite recuperar ese poder.

Si bien estas historias protectoras que te cuentas pueden tener un propósito al principio, con el tiempo pueden convertirse en lastres pesados que te asfixian. Para liberarte de sus limitaciones necesitas desarrollar una conciencia plena de ellas y de cómo impactan en tu vida. Es hora de reescribir esas eternas catástrofes para que se transformen en algo positivo.

Recuerda que tú eres el autor de tu historia y puedes transformar esas narrativas limitantes en sagas empoderadoras que te conducen a la máxima expresión de ti mismo.

Practica volver al momento presente, en especial cuando tu mente divaga entre el pasado y el futuro o sobre lo que «podría suceder».

Ser capaz de volver a centrarte en ti mismo y no sacar conclusiones precipitadas puede evitar que actúes impulsivamente o que no hagas nada. Pon a prueba tus creencias limitantes y ábrete a nuevas posibilidades. Reescribe tus historias con temáticas orientadas hacia el crecimiento. Por ejemplo: «Soy resiliente y soy capaz de aprender de los contratiempos», «Merezco el éxito y la felicidad», «Tengo dones únicos que pueden tener un impacto positivo en el mundo».

EVALÚA LA REALIDAD

Este ejercicio de cinco partes está diseñado para ayudarte a cuestionar la validez de las historias que te cuentas y aportar objetividad a tus pensamientos. Al hacerte preguntas específicas para evaluar la realidad puedes ganar claridad sobre el rigor de tus narrativas internas.

1. Identifica la historia

Cuando veas una historia o un patrón de pensamiento en particular detente e identifica el tema principal o la creencia subyacente. Por ejemplo, si la historia es «Nunca triunfaré en mi carrera», la creencia subyacente podría ser «No soy lo suficientemente bueno».

2. Hazte preguntas para evaluar la realidad

- «¿Esta historia se basa en hechos o en suposiciones?» Evalúa si hay algún tipo de evidencia concreta que respalde la historia o si está construida sobre suposiciones sin fundamento o experiencias del pasado.
- «¿Cuál es el peor escenario posible?» Imagina cuál sería el peor resultado si la historia fuera cierta. A veces descubrirás que las consecuencias que imaginas son poco probables o son manejables.

- «¿Qué evidencia contradice la historia?» Enumera tus logros anteriores, los comentarios positivos que hayas recibido o los casos en los que se haya demostrado que la historia es errónea.
- «¿Qué le aconsejaría a un amigo?» Imagina que un amigo cercano comparte una historia similar. ¿Qué consejo le darías? Aplícate ese mismo consejo.
- «¿Cuál sería una perspectiva más equilibrada?» Busca una visión más equilibrada de la situación considerando tanto los aspectos positivos como los negativos.

3. Crea una nueva perspectiva

Después de responder a las preguntas escribe una perspectiva más equilibrada y empoderadora para contrarrestar la historia limitante. Por ejemplo: «Aunque sé que me esperan desafíos, también sé que he superado obstáculos antes y que tengo las habilidades necesarias para sortearlos».

4. Replantea la historia

Convierte tu nueva perspectiva, más equilibrada y empoderadora, en una afirmación o declaración positiva. Repite esta afirmación cada vez que la vieja historia limitante resurja.

5. Practica el *mindfulness*

Durante el día presta atención a tus pensamientos y emociones. Si ves que caes en una historia limitante, redirige tu conciencia a las preguntas de verificación y la nueva perspectiva que has creado.

Al practicar de manera continuada este ejercicio de evaluación de la realidad tomarás más conciencia de las historias que te cuentas y podrás cuestionarlas con objetividad y compasión. Con el tiempo ganarás control sobre tus patrones de pensamiento, lo cual te ayudará a reducir el miedo y la ansiedad y también te llevará a una mentalidad más positiva y empoderadora.

Poder n.º 7: establece expectativas realistas

Desbloquea el poder de los límites para liberarte de la sobrecarga de responsabilidades y el torbellino de nuestra cultura frenética. Libérate, descubre la belleza del equilibrio, y recupera la esencia de tu ser.

Si bien la ambición y la determinación pueden ser rasgos positivos, cuando se combinan con expectativas poco realistas pueden convertirse en una fórmula para el agotamiento y el desgaste. Si padeces AAF, la presión por sobresalir en todos los ámbitos de la vida puede ser abrumadora, lo cual también puede empujarte a ir más allá de tus límites y a descuidar tu bienestar.

Aunque tengas metas, recuerda que puedes avanzar hacia ellas sin sacrificarte en el proceso. No hay nada heroico en el agotamiento. En cambio, puedes usar tu energía con intención y dedicar un buen esfuerzo a lo que amas, haciéndolo de una forma equilibrada. En la búsqueda de la excelencia, el verdadero éxito no reside en el hecho de exceder tus límites, sino en cuidar tu bienestar.

Abraza tus metas con intención, porque hay una gran fortaleza en el hecho de aceptar que la grandeza florece en el equilibrio, no a costa de uno mismo.

En el pasado nuestra AAF podría habernos impulsado a perseguir objetivos inalcanzables. Sin embargo, como demuestra este libro, la búsqueda de la perfección suele llevarnos a sentirnos insuficientes y a tenerle miedo al fracaso. Este temor nos empuja a trabajar más horas, sacrificar nuestro tiempo libre y dejar de lado el cuidado personal a medida que avanzamos detrás de nuestras metas. La tendencia a sobrecargarse de responsabilidades y luego descuidarse suele generar resentimiento hacia quienes parecen equilibrarlo todo con facilidad.

Aprender a fijar estándares realistas y administrar tu energía de forma más eficiente te permitirá dejar de lado esas expectativas irreales y también te liberará de una carga pesada que sofoca tu alegría y tu bienestar.

Recuerdo el proceso de transición hacia un espacio en el que era más amable conmigo. Al principio me repugnaba hablarme con compasión, ya que siempre había sido muy exigente conmigo misma. Con el tiempo descubrí que adoptar una mentalidad de autocompasión y establecer expectativas realistas generó un equilibrio armónico en mi vida. Cuando aprendí a valorarme y a apreciar mi recorrido, mi mayor descubrimiento fue que la verdadera satisfacción proviene de ser auténtico, estar presente y sentirse completo.

Dejar atrás el peso de las expectativas irreales nos libera para trazar un camino hacia la felicidad genuina, la autoaceptación y la paz interior. Al reconocer nuestras limitaciones y establecer metas alcanzables desbloqueamos nuestro potencial para avanzar hacia una vida con propósito y plenitud.

VIVIR EL DÍA A DÍA CON CONCIENCIA

Utiliza el siguiente ejercicio para guiarte a través de las distintas experiencias. Por ejemplo, si un compañero de trabajo te pide que hagas una tarea para él, puedes decirle que primero revisarás cuánto trabajo tienes pendiente y luego le responderás, en lugar de acceder inmediatamente. Esto te dará tiempo para pensar en la petición y seguir las siguientes seis indicaciones:

1. Reflexiona sobre tus valores
Tómate un tiempo para identificar cuáles son tus valores fundamentales. ¿Qué es lo que más te importa en la vida? Entender tus valores te ayudará a establecer metas que estén en sintonía con tu versión más auténtica. En el ejemplo anterior: si aceptar el trabajo adicional implica sacrificar tu sesión en el gimnasio e irte a dormir más tarde, reflexiona sobre qué es más importante para ti.

2. Identifica tus prioridades

Ahora que tienes una comprensión más clara de tus valores, escribe cuáles son tus prioridades principales. Estas son las áreas de tu vida que merecen tu atención y esfuerzo. En el ejemplo anterior: sabes que no ir al gimnasio repercutirá en tu estado de ánimo. Además, no tendrás tiempo de preparar la cena, lo cual significa que terminarás pidiendo comida a domicilio, y eso aumentará aún más la espiral negativa en tu humor. También tienes previsto salir a tomar algo con amigos mañana y no quieres cancelarlo, pues hace meses que lo tienes apuntado en tu agenda.

3. Practica la autocompasión

Sé indulgente contigo mismo cuando ocurran contratiempos. Reconocer que los imprevistos son parte del proceso te permitirá tratarte con la misma benevolencia que ofrecerías a un amigo. En el ejemplo: quizá te sientas culpable por decirle que no a tu compañero, pero también sabes que lo que te está pidiendo no forma parte de tu trabajo y, por lo tanto, no estás obligado a hacerlo.

4. Di «no» cuando sea necesario

Entiende que decir «no» a ciertas peticiones o compromisos no te convierte en una persona egoísta. Es fundamental que protejas tu tiempo y tu energía para dedicarlos a lo que realmente importa. En el ejemplo: le haces saber a tu compañero que has revisado tu agenda y que no puedes agregar más tareas de las que ya tienes, así que no puedes aceptar lo que te ha pedido, y lo haces sin sentir culpa.

5. Establece límites

Establece límites saludables tanto en tu vida personal como en la profesional. Asegúrate de hacer descansos y reservar tiempo para el cuidado personal y la relajación. En el ejemplo: no es la primera vez que tu compañero te pide que asumas tareas adicionales, y la mayoría de las veces habías accedido a hacerlas. Es momento de aprender que, más allá de tu deseo de ser amable, necesitas mostrar a los demás cómo esperas que te traten. Decir «no» para establecer un límite es parte de este aprendizaje.

6. Reevalúa y ajusta

La vida cambia constantemente, por lo que es necesario que revises tus metas y expectativas periódicamente y que hagas los ajustes necesarios para mantenerte en sintonía con tu realidad en constante evolución. En el ejemplo: puede que te sientas orgulloso de establecer este límite inicial, pero también culpable. Sin embargo, sabes que es lo correcto, así que reconoces tu culpa y no permites que te arrastre a los antiguos patrones de complacer a los demás.

Poder n.º 8: crea momentos de gratitud

Reserva espacios valiosos de gratitud en medio de las demandas cotidianas en los que puedas valorar el presente, honrar el pasado y aceptar la abundancia que te rodea.

Para los perfeccionistas de alto rendimiento la búsqueda de la excelencia puede ser abrumadora y, en consecuencia, dejar poco espacio para el cuidado personal y para valorar las bendiciones de la vida. Es fácil dejarse llevar por la presión de lo siguiente que hay que hacer y de todas nuestras responsabilidades, y de este modo olvidar tomarnos un momento para respirar y apreciar todo lo que nos rodea.

Crear un momento de gratitud significa destinar tiempo de manera intencional todos los días a fomentar un profundo sentido de agradecimiento y reflexión personal. Es una práctica poderosa que te permite conectar con el poder transformador de la gratitud y te recuerda las incontables bendiciones que hay en tu vida, tanto grandes como pequeñas. Ya sea disfrutar del calor del sol matutino, deleitarte con una conversación sincera o saborear el simple placer de una bebida caliente o un jersey suave, estos momentos nos anclan en el presente y nutren nuestra conexión con nosotros mismos, con los demás y con el mundo que nos rodea.

Con estos momentos de reflexión nos sintonizamos con la riqueza de nuestras experiencias y fomentamos un profundo sentido de satisfacción y alegría y una mayor apreciación del viaje que estamos haciendo. Esto lleva a un cambio en nuestra perspectiva. Comenzamos a valorar el viaje del crecimiento en lugar de obsesionarnos con las veces que creímos que fracasamos, y de esa forma se genera un equilibrio armonioso entre la ambición y la satisfacción y empezamos a tratarnos de manera compasiva.

La verdadera plenitud no reside solo en nuestros logros, sino también en valorar la belleza del momento presente y abrazar nuestro verdadero ser.

No te esfuerces incansablemente por lo que viene a continuación. Detente y HAZ UNA PAUSA. Recuerda: el objetivo no es ignorar los desafíos de la vida, sino replantearte tu perspectiva y fomentar un mayor sentido de gratitud por los aspectos positivos. Cultivar momentos de gratitud es un recordatorio para reducir la velocidad, degustar las bondades de la vida y nutrir un corazón agradecido. Reflexionar sobre todas las cosas bellas y sencillas que te rodean y que muchas veces das por sentadas te ayudará a centrarte. Ser capaz de recordar todas las cosas y las personas buenas en tu vida impide que la mente se concentre exclusivamente en lo que desea a continuación. Es fácil fluir entre la gratitud y la alegría.

DIARIO DE GRATITUD

Una buena forma de cultivar la gratitud es llevando un diario. Encuentra un lugar tranquilo y cómodo donde puedas reflexionar sin interrupciones y sigue estos pasos:

1. Reserva tiempo

Selecciona un momento específico cada día para tu práctica de gratitud. Puede ser por la mañana, antes de dormir o en un descanso. Incluso puedes agendarlo para recibir recordatorios.

2. Reflexiona sobre tres bendiciones

Hazte la siguiente pregunta: «¿Por qué tres cosas que han sucedido hoy siento gratitud?». Pueden ser grandes o pequeñas, personales o universales; lo importante es que tengan valor para ti. Luego vuelve a preguntarte: «¿Por qué siento gratitud por estas tres cosas?». Esta pregunta te llevará a entender mejor el porqué y te brindará la oportunidad de reflexionar. Cuanto más practiques, más entrenarás la mente para percibir la maravilla en lo cotidiano.

3. Siente la gratitud

Cuando pienses en tus tres bendiciones o las anotes sumérgete en la sensación de gratitud por cada una de ellas. Permítete vivir por completo las emociones positivas con las que se asocian.

4. Repite a diario

Convierte este ejercicio en una rutina diaria. La constancia es un factor clave cuando se trata de reconfigurar el cerebro para que se concentre de forma natural en los aspectos positivos de la vida.

5. Explora nuevas perspectivas

Incluso en las situaciones más difíciles, intenta encontrar aspectos por los cuales sentir gratitud. Esto puede transformar tu mentalidad y fortalecer tu resiliencia.

6. Revisa y reflexiona

Revisa con regularidad lo que has escrito en tu diario de gratitud. Identifica los patrones, el crecimiento y los cambios en tu punto de vista a lo largo del tiempo. Utiliza esta autorreflexión para profundizar aún más en tu aprecio por los regalos de la vida. Incluso podrías compartir esta práctica de escritura con tu pareja, tus hijos o tus amigos.

Poder n.º 9: evita compararte con los demás

Como bien dijo Theodore Roosevelt, la comparación es la ladrona de la alegría. Abraza tu propio camino, porque es solamente tuyo y en él residen tu fuerza y tu belleza verdaderas.

Muchas veces nos sorprendemos espiando por la ventana de la vida ajena, preguntándonos por qué no tenemos lo que ellos tienen o por qué no hemos alcanzado lo mismo que ellos. La semilla de la duda de uno mismo echa raíces y comenzamos a cuestionar nuestro valor y nuestras capacidades. Pero vuelve a leer. Recuerda: he dicho «espiando por la ventana», lo cual significa que solo vemos una foto de la realidad. Comparar nuestra vida con una captura de la vida de otra persona no es para nada realista.

Compararse es una tendencia humana natural, pero es importante aprender a manejarla y redirigir tu atención hacia tu propio crecimiento y bienestar. Aceptar tu singularidad y valorar tu propio recorrido te llevará a una mayor autoaceptación y satisfacción y a una vida más plena. La verdad es que tu destino no es ser la copia de otra persona; tu destino es ser exclusivamente tú. Abrazar tu camino sin compararte con los demás significa honrar tu individualidad y reconocer la belleza de tu propia historia. Se trata de aceptar que tu trayectoria es única y siempre será diferente a la de los demás. Y eso es precisamente lo que la hace extraordinaria.

Cuando dejas de usar la vara de medir y te liberas de las ataduras de la comparación también dejas atrás el peso de las expectativas irreales. Confía en que cada giro y cada vuelta de tu caótico, imperfecto y maravilloso viaje te está llevando exactamente a donde debes estar.

Al abrazar tu camino descubres que la verdadera
magia de la vida no reside en ser como los demás, sino
en ser tu versión más auténtica.

Recuerda que tu valor no depende de cómo te comparas con los demás. Reconozco que romper el hábito de la comparación requiere tiempo y paciencia, pero una vez que tomes el camino de la autoaceptación y la autocompasión te conducirá hacia una vida más plena y auténtica. Tu camino es tuyo y solo tú puedes recorrerlo, así que celebra tu singularidad y libérate de la necesidad de compararte. Deja que otros te inspiren, pero no permitas que te definan. Acepta tu propio camino, porque es la llave para desbloquear el potencial ilimitado que hay dentro de ti.

APRENDE A GESTIONAR LOS PENSAMIENTOS DE COMPARACIÓN CON LOS DEMÁS

Este ejercicio está pensado para que se practique a diario. Úsalo para ayudarte a identificar en qué momentos te comparas a ti mismo o tu vida con los demás. Presta atención a qué situaciones, entornos o personas desencadenan esas comparaciones. Ser consciente de los detonantes te ayuda a anticipar en qué momento podrías caer en la trampa de la comparación.

1. Haz una pausa y observa

Cuando veas que te estás comparando con otras personas detente un momento. Acepta esa comparación sin emitir juicios. Recuerda que es normal que la mente haga comparaciones, pero hacerlo no define tu valor.

2. Cuestiona los pensamientos negativos

Pon a prueba los pensamientos negativos que surjan durante la comparación. Pregúntate si estos pensamientos se basan en expectativas realistas o si están impulsados por presiones sociales o inseguridades.

3. Replantea y redirige

Cambia tus pensamientos de comparación por afirmaciones positivas y empoderadoras. Recuérdate tus cualidades únicas y tus logros. Acepta que el viaje de cada persona es diferente y que eso es lo que hace que la vida sea bonita y diversa.

4. Cultiva la autocompasión

Sé amable y compasivo contigo mismo. Trátate como tratarías a un gran amigo al que le cuesta no compararse con los demás. Practica la autocompasión y recuérdate que no pasa nada por ser imperfecto y seguir tu propio camino en la vida.

Poder n.º 10: desbloquea la confianza en ti mismo

La autoconfianza es el pilar de la fortaleza interior, que te orienta a través de las olas de la incertidumbre con seguridad y resiliencia.

La autoconfianza es la convicción sólida en las habilidades, las decisiones y el valor de uno mismo. Cuando crees y confías en ti puedes transitar por la vida con confianza y autenticidad. Muchas veces la AAF nos puede enredar en una maraña de preocupaciones y dudas sobre nosotros mismos, lo cual nos dificulta encontrar la serenidad; sin embargo, la autoconfianza te ayudará a liberarte de esto. Una vez que reconozcas tus capacidades y aceptes tus miedos podrás confiar en tu instinto sin necesidad de buscar la aprobación de otras personas.

La confianza en uno mismo no implica tener una fe ciega en cada aspecto de tu vida; más bien significa aceptar de manera saludable tu vulnerabilidad y tu crecimiento personal.

Cuando reconocemos que los errores son parte de la
vida y que los contratiempos son oportunidades para
aprender conseguimos perdonarnos a nosotros mismos.

¿Recuerdas a la clienta que llevaba un registro mental de todas las veces que creía que había fracasado? La confianza en ti mismo te permitirá descartar tu propio registro y tratarte con amabilidad. No triunfarás en todo lo que intentes, pero un sentido sólido de la autoconfianza significa que al menos lo intentarás, en lugar de contenerte. La esencia de la confianza en uno mismo se basa en aceptar plenamente quiénes somos. Cuando confiamos en nosotros mismos reconocemos que nuestro valor no depende de las opiniones de los demás ni de alcanzar la perfección. Esto nos libera de las ataduras de la comparación y de las inseguridades y nos permite gozar de nuestra singularidad sin reservas. Nos volvemos más capaces de afrontar lo que la vida nos depare, porque desarrollamos una mayor autosuficiencia y estabilidad emocional.

Como cualquier destreza, la confianza en uno mismo se puede cultivar con la autorreflexión constante y el esfuerzo consciente. Empieza por prestar atención a tu intuición y respetar tus sentimientos y necesidades. Celebra tus éxitos, sin importar lo pequeños que sean, y recuérdate los desafíos que ya has superado. Ten presente que esta es una nueva forma de ser. Puede parecer extraño al principio, casi como si estuvieras jactándote de algo, pero en realidad lo que estás haciendo es reconocer que eres suficiente.

La incansable búsqueda de la perfección y nuestro temor al fracaso pueden atraparnos en un ciclo de autocrítica y superación constantes. Sin embargo, al confiar en nosotros mismos podemos liberarnos del yugo de la ansiedad y la necesidad de validación externa. Podemos aprender a ver nuestros errores y contratiempos como escalones hacia el progreso, lo cual fomenta la resiliencia y el bienestar emocional.

Esta valentía abre puertas a nuevas oportunidades y experiencias y nos impulsa más allá de nuestra zona de confort, hacia el crecimiento y el autodescubrimiento. Abraza el poder de la confianza en ti mismo y te descubrirás navegando por la vida con una confianza inquebrantable y el corazón abierto, listo para afrontar lo que sea que se presente. El siguiente es un ejercicio rápido y sencillo que te ayudará a reforzar la confianza en ti mismo y a fortalecer la fe en tus habilidades.

AFIRMACIONES PARA FORTALECER LA CONFIANZA EN UNO MISMO

Cierra los ojos y respira profundamente, inhalando por la nariz y exhalando por la boca. Permítete relajarte y deshazte de cualquier tensión. Repite para ti mismo, ya sea en silencio o en voz alta, afirmaciones positivas que fortalezcan tu confianza. Escoge palabras que estén en sintonía contigo. Aquí tienes algunos ejemplos:

- «Confío en mí mismo y en mis decisiones.»
- «Creo en mis habilidades y celebro mi singularidad.»
- «Soy suficiente tal como soy.»
- «Soy capaz de enfrentarme a cualquier desafío que se presente.»

Al repetir estas afirmaciones constantemente fortalecerás tu autoconfianza y cultivarás un mayor sentido de fe en tus habilidades. Con el tiempo notarás que tus dudas e inseguridades se atenúan y afrontarás los desafíos de la vida con un renovado sentido de seguridad y fortaleza.

Poder n.º 11: vive con valentía y acepta tu vulnerabilidad

Vivir con valentía es el arte de aceptar nuestra vulnerabilidad, ya que es en la franqueza donde hallamos la auténtica fortaleza que llevamos dentro.

La vulnerabilidad a veces se malinterpreta como una invitación a exponer nuestra alma ante todo el mundo. Sin embargo, la auténtica vulnerabilidad no consiste en compartir cada aspecto de nosotros mismos sin más; es, en realidad, el acto de coraje de mostrarles el corazón a quienes creemos merecedores de nuestras verdades más profundas.

Solo necesitas una habilidad para vivir plenamente, y esa es la valentía de ser vulnerable. Brené Brown ha escrito sobre la importancia de esto y en sus investigaciones y trabajos subraya la importancia de abrazar la vulnerabilidad como un componente esencial para vivir una vida plena y auténtica.[7] Brown sostiene que la vulnerabilidad no es una debilidad, sino una fortaleza, ya que nos permite conectar con otras personas, mostrar nuestro verdadero ser y experimentar emociones y relaciones más profundas.

Ser genuinamente vulnerable significa encontrar un equilibrio entre mostrar nuestra versión más auténtica y establecer límites para proteger nuestro bienestar emocional. Recuerda que la vulnerabilidad es una muestra de nuestra fortaleza; la capacidad de reconocer nuestras imperfecciones, nuestros miedos y nuestras inseguridades sin juicio ni vergüenza.

Puede ser difícil al principio, pero con práctica podemos aprender que no pasa nada por ser vulnerable y confiar en nuestra capacidad de mantenernos en ese espacio, incluso cuando lo que nos rodea parece incierto. También aprendemos a confiar en las personas que nos rodean, especialmente en aquellas que demuestran ser refugios seguros para nuestras vulnerabilidades. Aférrate a estas personas, ya que con ellas puedes compartir la versión más profunda de tu ser, sabiendo que te recibirán con compasión y sin juicio. Intenta ser esa persona para ellos también.

*Es por medio de nuestra vulnerabilidad que
forjamos vínculos genuinos con los demás,
lo que permite que nuestros yos auténticos sean
vistos y reconocidos.*

Abrazar nuestra vulnerabilidad no es una decisión que se toma una sola vez; es un viaje continuo de autodescubrimiento y crecimiento. Al atrevernos a ser vulnerables y a mostrar los deseos de nuestro corazón recuperamos nuestro poder y autenticidad. Entendemos que ser vulnerable no es buscar validación o aprobación externa; es encontrar la fuerza en nuestro yo más profundo frente a las incertidumbres de la vida.

SUMÉRGETE EN TU VULNERABILIDAD

Este ejercicio te ayudará a explorar tu vulnerabilidad, a construir tu coraje y a profundizar en la comprensión de tus emociones y experiencias.

1. Reflexiona sobre tus experiencias anteriores
Piensa en los momentos de tu vida en los que te sentiste vulnerable. Pueden haber sido ocasiones en las que asumiste algún riesgo, compartiste tus sentimientos o te enfrentaste a una situación difícil. Anota esas experiencias en tu diario o en una hoja de papel.

2. Explora tus emociones
Explora qué emociones sentiste en cada una de esas experiencias de vulnerabilidad. ¿Sentiste miedo, ansiedad, emoción o esperanza? Reconoce y nombra esas emociones sin emitir juicios.

3. Identifica los detonantes
Reflexiona sobre qué desencadenó tu vulnerabilidad en cada situación. ¿Fue el temor al juicio, al rechazo o al fracaso? Identificar los detonantes te ayudará a entender qué aspectos de la vulnerabilidad son más difíciles para ti.

4. Practica la autocompasión
Mientras exploras tu vulnerabilidad sé amable contigo mismo. Practica la autocompasión reconociendo que la vulnerabilidad es una parte natural del ser humano y que no pasa nada por experimentar estas emociones.

5. Visualiza respuestas valientes
Ahora imagina cómo habrías respondido en esas situaciones vulnerables con aún más coraje. Visualízate expresándote de manera auténtica y aceptando tu vulnerabilidad sin reservas.

6. Escribe tus observaciones
Anota tus reflexiones, percepciones y cualquier perspectiva nueva que hayas adquirido al completar este ejercicio. Ten en cuenta lo que has aprendido sobre ti y tu relación con la vulnerabilidad.

7. Establece pequeños desafíos para el futuro
Da pequeños pasos para ser más valiente con la vulnerabilidad en tu vida diaria. Estos pasos podrían ser iniciar una conversación sincera, compartir tu obra creativa o pedir apoyo cuando lo necesites. Reflexiona y escribe en tu diario cómo te sientes al hacerlo.

Poder n.º 12: practica la paciencia

La paciencia no es simplemente esperar; es una habilidad que te permite navegar por las corrientes de la vida con elegancia, abrazando el viaje de crecimiento paso a paso.

Probablemente este sea el poder que más me costó aprender. Recuerdo estar viendo *Star Wars* y quedarme impactada por lo molesto que estaba Luke Skywalker cuando buscaba respuestas en Yoda, pero no recibía ninguna. Al igual que los *jedi* en *Star Wars*, nosotros también debemos aprender a dominar el arte de la paciencia. En nuestro afán por cambiar, al principio podemos subestimar la importancia de la paciencia y en su lugar optar por buscar resultados rápidos y éxitos inmediatos. Sin embargo, es con paciencia que descubrimos la verdadera esencia del crecimiento. A medida que perseveramos con paciencia revelamos el poder oculto dentro de nosotros y nos convertimos en maestros de nuestro propio destino. En este mundo donde se busca la satisfacción inmediata la virtud de la paciencia emerge como una gran fuente de fuerza y sabiduría.

En su núcleo, la paciencia es un testimonio de la confianza en uno mismo y una afirmación de nuestro viaje. Nos recuerda que el crecimiento es un proceso gradual y que las grandes transformaciones ocurren a su propio ritmo.

En momentos de impaciencia corremos el riesgo de caer en la duda y la frustración, ignorando la belleza en cada paso de nuestra evolución personal. La presión por destacar y el miedo al fracaso pueden llevarnos a esforzarnos más allá de nuestros límites. Sin embargo, practicar la paciencia nos brinda el espacio para estar con nuestros pensamientos y regular lo que sucede en nuestro interior antes de actuar precipitadamente. En lugar de eso, optamos por la sabiduría de avanzar a nuestro propio ritmo.

La paciencia también fortalece nuestras relaciones con los demás, ya que nos ayuda a establecer conexiones más profundas y a ejercitar la comprensión. En lugar de impacientarnos con las personas cuando las cosas no salen como esperamos, nos relajamos y permitimos que las cosas ocurran a su tiempo. Al escuchar activamente y dar espacio a los demás para expresarse cultivamos la empatía y la compasión.

La paciencia nos abre la puerta a una comunicación sincera y nos ayuda a construir puentes de confianza entre nosotros y los demás. Esto es muy importante, ya que la AAF puede dificultarnos confiar en los demás. La paciencia es parte del proceso de aprender a ser amables, no solo con los demás, sino también con nosotros mismos. Como cualquier otro «poder», cultivar la paciencia requiere esfuerzo. Prácticas de *mindfulness* como la meditación y la respiración profunda son útiles para mantenernos anclados en el presente. Reflexionar regularmente sobre uno mismo también es eficaz, ya que nos brinda el espacio para asegurarnos de que no estamos apresurando las cosas ni presionándonos demasiado. La paciencia nos permite respirar.

UN EJERCICIO DE RESPIRACIÓN CONSCIENTE PARA LA PACIENCIA

Este ejercicio rápido y efectivo te ayudará a fomentar la paciencia y a encontrar la calma siempre que te sientas inquieto.

1. Cuenta tus respiraciones

Adopta una postura relajada, ya sea sentado o de pie, con la columna recta y los hombros relajados. Cierra los ojos, si lo prefieres, o mantén una mirada imprecisa. Observa el flujo natural de la respiración, el movimiento ascendente y descendente del pecho o el abdomen al inhalar y exhalar. Luego, al inhalar, cuenta mentalmente hasta uno y, al exhalar, hasta dos. Continúa con este patrón de respiración y contar hasta llegar al diez y luego comienza de nuevo desde uno. Si tu mente se distrae, redirige suavemente tu atención a contar las respiraciones.

Después de contar hasta diez haz una pausa antes de iniciar el siguiente ciclo. Durante esta pausa libera cualquier impaciencia o agitación que puedas sentir. Acoge la quietud y observa cualquier sensación o pensamiento que surja.

2. Repite y expande

Sigue respirando de esta manera durante algunos minutos, aumentando la duración gradualmente si lo deseas. Si tu mente se agita o se impacienta, vuelve a contar las respiraciones y deja que la paciencia te reconduzca suavemente al presente.

3. Reflexiona

Después del ejercicio tómate un momento para reflexionar sobre la experiencia. Observa cualquier cambio en tu estado mental o en las sensaciones del cuerpo. Acepta la sensación de calma y la concentración que surgen al cultivar la paciencia mediante este ejercicio de respiración consciente.

Practicar este ejercicio con regularidad potenciará tu habilidad para mantener la calma y la compostura en situaciones desafiantes, lo cual hará que la paciencia, en lugar de la impaciencia, se convierta en tu respuesta natural ante los altibajos de la vida. También es una excelente forma de lidiar con pensamientos y sentimientos agitados, ya que les permites pasar a través de ti para que puedas actuar con elegancia.

Aprender a utilizar los doce poderes es un proceso continuo. Es otra forma de ser. Acepta el viaje y las experiencias de aprendizaje que ofrece y permítete crecer y prosperar en armonía con tu versión más auténtica. Al practicar constantemente la autorreflexión, la autoexpresión y la autoaceptación puedes cultivar el valor y la confianza para resplandecer como tu verdadero yo en todas las áreas de la vida.

Recuerda, como dice Brendon Burchard:[8]

Primero es una **intención**.
Luego, un **comportamiento**.
Después, un **hábito**.
Más tarde, una **costumbre**.
A continuación, un **acto reflejo**.
Y, finalmente, es simplemente **quien eres**.

En el paso 2 hablamos sobre la jerarquía de necesidades. Hacer todo este trabajo es importante, pero también necesitamos dedicar un tiempo a revisar cómo estamos en cuanto a nuestras necesidades fundamentales. Aunque gran parte de la AAF se manifiesta en la mente, también puede tener efectos en el mundo físico, por lo que asegurarnos de descansar lo suficiente y estar bien hidratados son partes importantes del proceso. Es hora de cuidarte, tanto por dentro como por fuera.

RESUMEN DEL PASO 5

Hemos explorado los doce poderes, las últimas piezas del rompecabezas. Puedes elegir no utilizarlos, usar uno o usarlos todos. Tu camino es único y lo que funciona para otra persona puede no servirte a ti. Sin embargo, la bondad, la autocompasión y la aceptación de la verdad son conceptos universales que enriquecen la vida de todo el mundo. Espero que estés encontrando tu camino hacia ese espacio.

Conclusión

¡Has llegado al final del camino! Iniciaste este viaje quizá sabiendo que algo no funcionaba del todo bien, pero sin certeza de qué era. A lo largo de este libro te he retado a sumergirte en las profundidades de tu AAF, a llegar al corazón mismo de tu ser, para que afrontes tus creencias fundamentales, las mentiras y las historias que te cuentas y te encares con el gran elefante en la habitación: tu miedo.

Has reconocido con valentía tus patrones de comportamiento, has explorado tus primeras experiencias en la vida y has podido comprender cómo influyen en quién eres hoy. También he compartido contigo mi propio viaje, tanto los momentos difíciles como las victorias, y ahora escribo este libro desde un lugar de alegría y autocompasión.

Confío en que ahora te entiendas mejor y en que abrazarás al ser único y extraordinario que eres; también los rasgos asociados con la ansiedad de alto funcionamiento. Te he proporcionado las herramientas que necesitas para romper con los patrones y las creencias que te limitan y para que seas bondadoso contigo mismo.

Ahora puedes desplegar tus alas. Es momento de volar y cruzar las barreras que impone la AAF, de encontrar el empoderamiento en las enseñanzas que nos ha dejado este viaje. Abraza esta libertad recién descubierta, porque tu camino hacia el autodescubrimiento y la sanación ha comenzado.

Tu contrato contigo mismo

Ahora que he terminado el libro, me comprometo a honrar un contrato conmigo mismo:

Estoy aquí para explorar mi mundo interior y comprenderme mejor.

Esto no siempre será fácil y soy consciente de ello. Sin embargo, estoy listo y empoderado para aprender a transitar mis emociones y sentirme más feliz, más en paz y menos ansioso.

Ya no estoy disponible para cosas que me hagan sentir mal conmigo mismo.

Me muestro tal como soy.

Firma:

Fecha:

Agradecimientos

Quiero expresar mi más profunda gratitud a todas las personas que han desempeñado un papel fundamental en la creación de este libro. A mi familia, tanto la de sangre como la que he creado en el camino de la vida; su constante apoyo y ánimo han sido mi sostén. Un agradecimiento especial a mi terapeuta, por su pericia y orientación y por brindarme un espacio donde pude dejar de ocultar mi luz y abrazarla con todo el corazón. Aunque me llevó varias sesiones poner a prueba y construir mi confianza con ella, estoy verdaderamente agradecida por que no se rindiera conmigo.

A quienes creyeron en mí e iluminaron mi camino en momentos de oscuridad, gracias por enseñarme que puedo confiar en mis alas, no solo para volar, sino también para progresar. A aquellos que han representado una lección y una fuente de sabiduría en mi vida, la huella que han dejado en mí es inmensa.

Este libro es un testimonio del esfuerzo colectivo y las experiencias compartidas que han dado forma a mi viaje. Agradezco a cada uno de vosotros que seáis una parte integral de este importante proyecto.

Referencias

INTRODUCCIÓN

1. National Institute of Mental Health (NIMH), The National Institute of Mental Health Information Resource Center. Any Anxiety Disorder. <www.nimh.nih.gov/health/statistics/any-anxiety-disorder>

2. Office for National Statistics (2023), «Public opinions and social trends, Great Britain: personal well-being and loneliness». <www.ons.gov.uk/peoplepopulationandcommunity/wellbeing/datasets/publicopinionsandsocialtrendsgreatbritainpersonalwellbeingandloneliness>

PASO 2

3. Bowlby, J. (1958), «The nature of the child's tie to his mother», *International Journal of Psycho-Analysis*, 39, pp. 350-373.

4. Maslow, A.H. (1973), «A theory of human motivation», en R.J. Lowry (ed.), *Dominance, self-esteem, and self-actualization: germinal papers of H.A. Maslow*, Wadsworth Publishing, Belmont (Massachusetts), pp. 153-173.

5. *Ibid.*

PASO 4

6. Linden, M. y Rutkowski, K. (2013), *Hurting Memories and Beneficial Forgetting*, Elsevier, Ámsterdam.

PASO 5

7. Brown, B. (2015), *Daring Greatly: How the Courage to be Vulnerable Transforms the Way We Live, Love, Parent, and Lead,* Penguin Books, Londres.

8. Burchard, B. (2021), @BrendonBurchard <www.twitter.com/BrendonBurchard/status/1401693297010266112?lang=en>